はじめに

　本書は、2004年度に発足した統計分析プロジェクト研究会第2班の2008-2011年度研究成果報告書である。当プロジェクトは、財団法人統計情報研究開発センター大阪事務所研究員の統計情報に関する知識の向上および研究能力向上を目的としており、第2班では、政府統計データを利用した労働・家計に関する国際比較を主題として年2～3回の研究会を開催してきた。各章の概要を以下に示すが、いずれも政府統計のマイクロ・データ（日本では一般にミクロデータと呼ばれる）の利用あるいは利用を想定した研究となっている。

　第1章は、マイクロ・データの利用が、家族の消費行動に関する経済学や統計学の研究に与える可能性について検討したものである。具体的には、まず、英国の家計調査（Expenditure and Food Survey：EFS）マイクロ・データの構造について概観し、現実には複数の構成員からなる家族を単一の経済主体とみなす経済学上の擬制である「プールされた家計所得」が統計上の「自然実験」によって反証されたケースを取上げ、家族の消費行動を分析する場合の経済理論上の難点を示す。次に、EFSマイクロ・データを利用したエンゲル曲線の推定を行い、より詳細な家族の消費行動のデータを分析するための理論枠組みや推計方法などに関する課題を示している。

　第2章は、世帯や世帯主の所得とその他の世帯員の所得の関連（同時分布）を解明するためにミクロデータを利用する前段階として、集計データを用いた論点整理を行ったものである。具体的には、まず、労働力調査と全国消費実態調査の調査項目等を比較・精査して、世帯員の稼得所得を推計するための全国消費実態調査の集計データの組み替え方法を提示する。次に、実際に2人以上世帯について組み替えを行い、世帯や世帯主の収入階級別に、その他の世帯員の平均稼得所得を求めることによって、いくつかの新たな知見を示している。

　第3章は、統一的な定義・基準のもとで日本・米国・英国・カナダのワーキングプアを推定し、国際比較を行ったものである。具体的には、まず、ワ

ーキングプアを「通常（3ヶ月以上）労働市場で活動（就業・求職活動）したが貧困世帯に属する個人（学生を除く）」と定義し、各国の統計調査を吟味し、最も適当なマイクロ・データを使用することによって、前述の定義のワーキングプアを推定している。次に、推定結果から失業・就労貧困率を求めて、国際比較を行い、日本の労働市場の特殊性を示している。

第4章は、英国における給付付き税額控除であるタックス・クレジットの捕捉率の推計において、その主な資料として用いられているFRS（Family Resources Survey）の統計調査としての特徴を述べたものである。具体的には、まず、タックス・クレジット制度、その実施上の不正や過ちの把握、タックス・クレジットの捕捉率の推計方法について、政府文書に依拠して整理している。次に、FRSマイクロ・データを捕捉率の推計方法に準拠して集計し、FRSの統計調査としての特徴を示している。

最後に、2010年度まで当プロジェクトに参加いただき、貴重なご意見をいただいた岩井浩関西大学名誉教授には、ここに感謝申し上げます。

2012年3月

統計分析プロジェクト研究会第2班を代表して
金子治平

目　　　次

はじめに
目　次
執筆者一覧

第1章　家計調査と家族の消費行動－英国 EFS2005-06 のマイクロ・データの紹介と分析－

1．はじめに …………………………………………………………………… 1
2．英国の家計調査（EFS）のマイクロ・データ ………………………… 1
　2－1．EFS マイクロ・データの構造 ……………………………………… 1
　2－2．品目コードとその拡張 ……………………………………………… 4
3．家族の消費行動研究の概況 ……………………………………………… 6
　3－1．線型支出体系 ………………………………………………………… 6
　3－2．「プールされた家計所得」仮説と Rotten kids theorem ……… 6
　3－3．「プールされた家計所得」仮説への批判 ………………………… 8
4．EFS と家族の消費行動 …………………………………………………… 9
　4－1．家計調査と経済理論 ………………………………………………… 9
　4－2．EFS におけるエンゲル曲線 ……………………………………… 11
5．おわりに ………………………………………………………………… 16

第2章　全国消費実態調査を利用した勤労者世帯における個人所得の吟味：比較統計資料を通じた「ミクロデータ」利用のための論点整理

1．はじめに ………………………………………………………………… 23
2．統計比較の中での稼得所得概念 ……………………………………… 24
　2－1．仕事の分類 ………………………………………………………… 27
　2－2．収入の定義 ………………………………………………………… 28
　2－3．就業者数 …………………………………………………………… 31
3．二人以上世帯における世帯主とその他の世帯員 …………………… 32
4．収入階級別特徴 ………………………………………………………… 36
5．統計比較の中での勤労者数 …………………………………………… 41
6．小括 ……………………………………………………………………… 44

第3章　ワーキングプアの日米英加比較

- 1．はじめに　45
- 2．ワーキングプアの定義と推計方法　46
- 3．各国の利用データの検討　47
  - 3－1．日本　47
  - 3－2．イギリス　48
  - 3－3．カナダ　50
  - 3－4．アメリカ　52
- 4．各国の最低生活基準の検討　54
  - 4－1．日本　54
  - 4－2．イギリス　55
  - 4－3．カナダ　58
  - 4－4．アメリカ　62
- 5．各国のワーキングプアの推計　69
  - 5－1．イギリス　69
  - 5－2．カナダ　71
  - 5－3．アメリカ　71
- 6．ワーキングプアの国際比較　72
  - 6－1．基本属性別の比較　72
  - 6－2．就労形態別の比較　73
- 7．むすびにかえて　75
- 付表3－1　日本のワーキングプアの推計結果　84
- 付表3－2　イギリスのワーキングプアの推計結果　86
- 付表3－3　カナダのワーキングプアの推計結果　89
- 付表3－4　アメリカのワーキングプアの推計結果　92

第4章　イギリスの社会保障制度の現状と課題

- 1．はじめに　95
- 2．イギリスの税額控除制度　96
  - 2－1．イギリスの税額控除制度の概要　96
  - 2－2．税額控除（Tax Credit）に含まれる過ちや不正　100
- 3．Tax Creditの捕捉率　102

3－1．Tax Credit の捕捉率の概要 ……………………………………………… 102
　　3－2．TCTR の標本誤差 …………………………………………………………… 111
　　3－3．TCTR における FRS の評価と注意点 …………………………………… 112
　4．FRS マイクロ・データを利用した受給家族数の検討 ………………………… 113
　5．おわりに ……………………………………………………………………………… 117
抄訳 ………………………………………………………………………………………… 120
　資料 1　Child Tax Credit and Working Tax Credit
　　　　　 － Take-up rates 2005-06 ……………………………………………… 120
　資料 2　Child and Working Tax Credits Statistics
　　　　　 － Finalised annual awards 2005-06 ………………………………… 127
　資料 3　Child and Working Tax Credits
　　　　　 － Error and fraud statistics 2005-06 & 2006-07 ………………… 133

執筆者一覧

統計分析プロジェクト研究会　研究班2

　主　査　金子　治平　　神戸大学大学院農学研究科　教授（第4章）
　委　員　池田　伸　　　立命館大学経営学部　教授（第1章）
　　〃　　藤井　輝明　　大阪市立大学大学院経営学研究科・商学部　教授（第2章）
　　〃　　杉橋　やよい　金沢大学経済学経営学系　准教授（第4章）
　　〃　　村上　雅俊　　関西大学ソシオネットワーク戦略研究機構　助教（第3章）
　研究員　米澤　香　　　(財)統計情報研究開発センター（第4章）
　　〃　　安井　浩子　　　　　　〃　　　　　　　　（第4章）

第1章　家計調査と家族の消費行動－英国 EFS2005-06 のマイクロ・データの紹介と分析－

1．はじめに

　多くの国において、様々な家計調査が基幹的な制度統計として位置づけられている。一定数の市民が自発的に比較的長期間にわたり詳細な個人情報を記録し提供するという他に例のない行政への私人の参加であり、統計を通じた家族の経済生活に関する情報の社会的共有といえる。

　さらに近年は、家計調査の原データに基づく個票（マイクロ・データ）を学術目的に利用可能にすることがますます進行している。公開統計書類には含まれない非集計情報がどのように提供されるか、またそのためにどのような統計上や研究上の新奇な状況が生じてくるか、これらは現代の統計学における一つの重要な課題であるといえる。

　本稿では、英国の家計調査（EFS）を対象として、とくにその支出に関するマイクロ・データによる統計的パターンの検討を通じて、家計に関する統計上および経済学上の課題の呈示を行う。

2．英国の家計調査（EFS）のマイクロ・データ

2－1．EFS マイクロ・データの構造

　本稿で取上げるのは、英国における統計官庁 Office for National Statistics（ONS）による家計調査（Expenditure and Food Survey : EFS）であり、毎年統計書が公表されている。日本の「家計調査」に相当する。例えば、ONS（2007）には 2005-06 年度の EFS の概況と集計統計表が掲載されおり、このときの調査では北アイルランドを含む英国全国からサンプルに 1 万 2 千世帯が選ばれ、57％の回収率であった（表 1-1）[1]。

---
[1] EFS の沿革や概況は ONS（2007: Appendix B）に記述がある。金子他（2007）ではその紹介や「家計調査」との対応が試みられている。なお、2008 年に EFS は Integrated Household Survey（IHS）に統合されたため、別に EFS2006 が公表されデータの整合性が図られている。

表 1-1　EFS(2005-06)の回収率

	世帯・住所数	有効標本構成
抽出住所	12,097	
不適合住所	1,190	
追加世帯	107	
全適合	11,014	100.0%
うち　協力世帯	6,258	56.8%
拒否	3,890	35.3%
接触不能世帯	866	7.9%

注）グレートブリテンのみ。不適合住所は、企業、団体、空き家、更地/廃屋である。
追加世帯は、一住所における複数世帯である。全適合＝抽出住所－不適合住所＋追加世帯。
協力世帯には、部分的な94世帯を含む。

（出所）ONS（2005-06 Vol.1 : p.2）

　他方、EFSマイクロ・データのデータベースは、政府からデータの提供を受けた大学の共同管理 Economic and Social Data Service (ESDS)の一部をなす、エセックス大学主管の UK Data Archive（UKDA）に設置されている。学術目的で ESDS に登録を行うことで UKDA などの各種データが利用可能となる。EFS の公式のドキュメンテーションとしてはユーザーガイドがあり、当該年度分は全 5 冊ある（ONS 2005-06）。データの構造や利用方法についての概略が Rafferty (2010) に記されているので、以下主にこれに基づき EFS マイクロ・データに関する説明を行う。

　EFS は一般に全体として調査協力世帯が数千程度、個人としては 15 千人以上のレコードからなり、変数については面接票の調査項目から属性関連（a 変数）ならびに収入関係（b 変数）、および 2 週間の家計簿による支出品目（c 変数）、個人および世帯について計算や集計によって導出された変数（p 変数）など合わせ総計約 2 千個ある[2]。可能な支出の額は週単位で統一されている。統計のデータとしては、かなり大きく、かつ個々のエントリーが疎なので概観するのが難しく、またすべてを一覧できるようなデータテーブル（データセット）がなく、またテーブル相互の関係は複雑である（図 1-1）。

　図 1-1 上段には支出項目の日誌（「家計調査」における「家計簿」に相当）と面接票のアンケート（同「世帯票」などに相当）とからなる調査協力者による原データ

---

[2] これらは大きな変数グループで、これら以外に分類される変数も比較的少数ある。

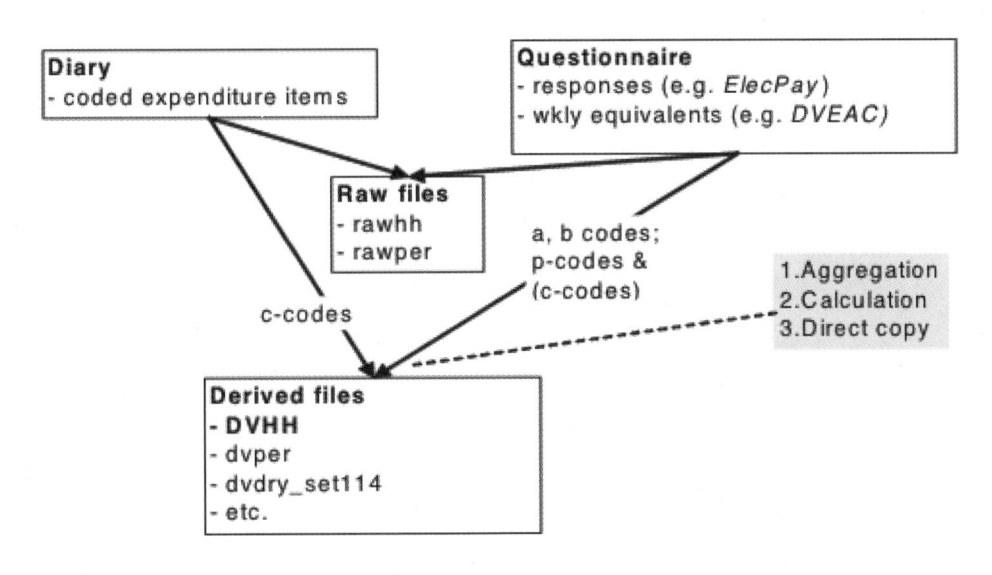

```
Diary                    Questionnaire
- coded expenditure items - responses (e.g. ElecPay)
                         - wkly equivalents (e.g. DVEAC)

         Raw files
         - rawhh        a, b codes;
         - rawper       p-codes &         1. Aggregation
                        (c-codes)         2. Calculation
         c-codes                          3. Direct copy

         Derived files
         - DVHH
         - dvper
         - dvdry_set114
         - etc.
```

（出所）Rafferty(2010:p.22)

図1-1　EFSデータベースの構造

があり、中段では一旦生データとしてテーブルが作成される。下段は誘導値で基本的に支出は毎週または週単位の値で整合性のあるように調製されている。分析に必要とされるのは主に誘導値テーブルであるが、その導出前や個別のテーブルも利用可能である。各研究においては、その分析目的に応じて適宜誘導値テーブルをマージさせて独自のデータセットを作成することになる。

　図1-1に表示されているデータテーブルの一覧が表1-2である。表頭のデータテーブル名のパターンと説明によっておおよそのファイルにある変数（列）を知ることができる。各データテーブルは生データと誘導値とに分かれ、後者は、世帯と世帯を構成する個人との総括的なファイルと資産・負債取引に関するものや家計簿に近い内容のもの、また支出者・単位別のものなどのファイルからなる。誘導値は、支出についてはあらかじめ週当たり値などに換算して整えてあるので、ただちに利用・比較可能である。ここで提供されているマイクロ・データは、原データに対して匿名化処理されているのはもちろんのこと、比較し利用しうる値に調整され標準化されており、吟味を要する場合には生データを参照できるようなシステムが構築されている。また、リサンプリングデータではなくすべての個票に基づいている。

表 1-2 EFS のデータテーブル（ファイル）

Name	Description	Level
dvhh	Household characteristics data	Household
dvper	Individual Household members data	Person
dvloans_Set86	Loan transactions by a person in the household	Loan item*
dvcredit_Set87	Credit transactions by a person in the household	Credit item*
dvhp_Set88	Hire purchase transactions by a person in the household	Hp item*
dvadult_Set89	Total weekly expenditure by item for each adult spender	Item
dvdry_Set114	Diary data	Item
dv_Set900	Specific diary expenditure for both adults and children	Household
dvbenunit	Benefit unit	Benefit unit*
dvpocketmoney	Pocket money given by adults to children in household	Person
Rawhh	Raw household characteristics file, will contain much redundancy	Household
Rawper	Raw individual data, will contain much redundancy	Person

Default level of analysis differs from that given in the EFS documentation

（出所）Rafferty(2010:p.16).

　また、表 1-2 でのレベルはレコード（行）の入り方を表している。所得や支出は個人レベルで捉えられるが、家族数・構成や住居などに関わる変数は世帯レベルでのみ扱われる。家計簿型では各世帯の各人が購入した各週の品目が一つのレコードとなる。

２－２．品目コードとその拡張

　このようにレコードと変数とはデータテーブル毎に様々に組合わされているため、分析のための作業は目的に応じたものとなる。実際のファイル操作の一例として、個人の新聞の購読数・量を集計することとしよう(Rafferty 2010: ch. 7)。まず、家計・個人毎に品目の支出があるデータセット 2005-06_dv_Set89_UKanon について「新聞」の支出品目のコードをユーザーガイドから調べ出す。少し技術的な工夫をして、その変数だけを取り出し他の変数を落とした別ファイルを作る。そのファイルを個人の支出データである 2005-06_dvper_UKanon に世帯・個人をキーにマ

ージする。やや技術的な処理を経て、その後集計すると週当たり 38％の個人が新聞を購入し、平均 0.87 ポンドを支出していることがわかる。これはどのような品目についても必要となる作業である。

　さて、上でも触れたが、EFS マイクロ・データにおいては個人や世帯というレコードだけでなく、支出された品目についても個々の変数に分類されている。家計の各支出には品目コードが割当てられる。この品目コードは、以前は英国独自のものであり、大分類は「住居」から「その他」まで全 14 項目であった。2002 年度以降は、国連や Eurostat によって標準化された The Classification of Individual Consumption by Purpose (COICOP)に従った品目コードに変更された（Attfield 2005）。大分類は 12 項目あり、4 桁の階層で品目が決まる。例えば、COICOP 09.5.2.1 は、09「娯楽及び教養」、09.5「新聞、書籍及び文房具」、09.5.2「新聞及び定期刊行物」、09.5.2.1「新聞、雑誌及び定期刊行物」の各階層を意味する。COICOP の採用により、時系列としては以前の統計との断絶があるため再集計・表示が行われることになるが、横断的には品目として比較可能な枠組みが提供されることとなった。

　しかし、実際の EFS のデータでは COICOP plus という方式で、COICOP 品目レベルよりもう 1 桁多い、つまりより詳細な分類がなされている（このような COICOP 採用国での独自の使用法は許容されている）。上の 4 桁コードの例ではこの最後の一桁に触れていないため実は特定に不十分で、「新聞」に対応させるためには 5 桁目を与える必要があり、それは COICOP plus 09.5.2.1.01 となる（09.5.2.1.02「雑誌及び定期刊行物」が 4 桁コードでは含まれてしまう）。

　さらに、上記に英字の接尾コードが付されることがある。接尾コードは、支出者別やまたトップコーディングなどによって地域内の世帯・個人の特定化を避けるための匿名化の有無によって作られた変数に与えられている。流通に関しても、日本における「全国消費実態調査」のように、一定の品目ではインターネット購入の有無や「被服及び履物」については購入先（専門店や大規模店等）についても特定される。

　以上が、EFS マイクロ・データのおおまかな構造と特徴とである。

3．家族の消費行動研究の概況

3－1．線型支出体系

　家族の経済行動に関する研究は、データ面では初期の個別的調査や家計簿に基づく調査が公的統計に組込まれていき、理論面では初期の一定の視点からのそれら調査に基づく経験的研究（Quet やいわゆるエンゲル曲線）が経済理論に基づく基礎付けや検証に移行し、またそれに応じて分析・統計手法の開発が進められてきた。なお、家族の経済行動には、婚姻、出産、資産・負債形成などが考えられるが（Becker 1981; Folbre 1996）、本稿では家計調査に関わり消費支出のみを主題とする。また、国民経済計算に関する統計上のマクロ・マイクロの家計消費額の乖離についても言及しない。

　20世紀に入り、経済主体セクターとしての家計の経済学的研究は、統計に基づく主として経験的なものとしてアレンやボーレー、後にワーキングやレーザーらによって発展した。しかし、消費行動にはじめて経済学的に首尾一貫した基礎づけを与えたのは R. ストーンであった。Stone（1954）によって家族の予算制約の下での効用最大化行動として「線形支出体系」が理論的に定式化され、英国のデータについて家計支出の大品目レベルで検証が行われた。その後、線形支出体系の変形・改良が行われ、ロッテルダム・モデルなどを経て、現在の到達点は Deaton and Muellbauer(1980)による「ほとんど理想的な需要体系」AIDs モデルである。しかし、膨大になり得る交差弾力性や加法的効用などの仮定が、特に開発途上国の政策立案に実践的に活用しようとした場合、制約が大きいように思われる（Deaton 1997）[3]。

3－2．「プールされた家計所得」仮説と Rotten kids theorem

　この経験的な家計研究とは別に、家族の行動を経済理論的に取り上げた「家族の経済学」の潮流がある。「家族の経済学」は Becker (1974) を嚆矢とし、後に Becker (1981) にまとめられた。そこでは、家族内分業、婚姻、出産、労働供給、資産形成

---

[3] 線型支出体系に関する研究は、日本においては最近では、澤田（1986）、橋本（2004）、ガンガ（2005）、牧（2007）などがある。また、これら一連の学説の発展は泉田他（2006）にまとめられている。

などを含めた広範な家計行動（ひいては社会生物学）について応用経済学的な枠組みで統一的に説明・分析することが企図された。

　特に、ここで問題になるのは、家計を経済学的に単一の経済主体としてみなすための条件についてである。つまり、様々な所得、効用、選好を有する家族の構成員がいるもとで、家計が単一の意思決定を行っているとみなすことが経済理論的に可能かどうかである。この問を最初に提出し解答を与えたのが、上記の Becker (1974) であった。そこでは、家計を経済主体として単に仮定とすることや世帯主（家長）による専制的な選好の強制を前提することなく、一定の前提条件から経済合理的内在的に集合体である家計を経済主体とみなしうることが導出された。これを Rotten kids theorem という。

　…他の家族の構成員を十分に配慮できるようなものが世帯主であれば、メンバーが自己
　中心的（あるいは、まったく嫉妬深い）かどうかに関わりなく、すべての構成員は世帯
　主と同じように家族の機会を最大にしようとし、家族内のすべての「外部性」を内部化
　しようとするのである（Becker 1974:p.1,080）。

　一般に、この定理によるかは別として、家族を単一の意思決定を行う主体とする伝統的な描写を家計の Unitary モデル、あるいは「プールされた家計所得（プーリング）」仮説という。Rotten kids theorem は、家族を単一の経済主体とみなす「プールされた家計所得」仮説に一つの理論的基礎を提供した。

　これは非常に影響力の強い家計のモデル化であったが、その前提条件と含意や一般化をめぐって一連の議論がおこった。家計の Unitary モデルあるいは「プールされた家計所得」仮説に対して、Collective モデルや Bargaining モデルが代替的に提起され、現代に至るまで討論が続いている。(例えば、Bergstrom 1989；Browning, Chiappori and Lechene 2006；田中 2006；ホリオカ・家計経済研究所 2008；Browning and Bonke 2009；宇南山・小田原 2009)。この点もまた、開発途上国においてはジェンダー問題としても実践的な課題と関わる伝統を持つ（Rogers and Schlossman 1990）。

3－3．「プールされた家計所得」仮説への批判

この論争と関わり、かつ EFS データ[4]を用いて Unitary モデルを検証したのが Lundberg, Pollak and Wales (1997)である。以下、やや詳しく取上げてみよう。

この研究によると「プールされた家計所得」仮説では、家計における所得総額だけがその需要に影響を与え、家族内の所得の受取手が誰であるかには無関係であることになる。ただし、賃金などの稼得所得の場合は労働供給含めて内生的なので、仮に所得総額一定としても選好や価格の変化との関連が問題になり、純粋に所得の受取手の変更によるだけでない影響があるものと考えられる。非稼得所得の場合はある程度これら価格変化の影響を避けうるが、現在だけでなく過去や将来の家計の行動と関連している。その点で「予期しない」移転所得は好都合であるが、一時的・少額であるとデータには適しない（同前：pp.464-5）。

これに対し、「児童手当」の受取手の変更による再配分の政策変更をクロスセクションについて見ることは、一般的であり、外生的であるので仮説の検討に適している。実例として、1970 年代の英国では、「児童控除」として主に父親の賃金の源泉徴収での控除であったものが、1980 年に母親への現金支給に置き換えられた。当時子ども二人家族で年額 500 ポンドが母親に支払われ、それは父親の平均年収の 8％に相当した。具体的には 1997 年 4 月から、課税所得となる母親への移転型と父親の手取り額が増える所得控除型の 2 つの政策が独立に並行して実施され、その後母親への非課税の週支給となり、一定の増額をみた（同前：pp.466-7）。

夫から妻への所得の転移の効果は家族に「割当可能な」カテゴリーへの支出のパターンについて見ることができる。好適な例として衣料支出が考えられる。夫から妻への児童手当の受取手の交替という政策変化によって、伝統的な性的分業を考慮すると妻自身と子どもとに対する衣料支出の増加が見込まれる（同前：p.469）。

この検証に使用されるデータは 1973～1990 年の英国 FES である。家族構成・所得等別の平均支出を消費パターンと考える。この時期は 1976 年までが政策変更以前、1976～1979 年を経過期間として検討には含めず、1980～1990 を政策変更以降の時期とすると、「プールされた家計所得」仮説では政策変更前後で有意な差がないことになる。説明される指標としては、子ども衣料費/男性衣料費、および女性衣料

---

[4]正確には EFS の前身の統計である Family Expenditure Survey(FES)である。

費/男性衣料費とする。なお、1979年に付加価値税が7%から15%に変更されたため、免税の子ども衣料への支出には影響がありうるが、女性用は男性用の衣料と同様に課税対象である。所得あるいは支出には、直接的である対応する物価調整済の「被服及び履物」への支出と一般的な物価調整済の総支出とを用いた。人口統計的に子ども数とその年齢区分とを考慮して政策変更前後のダミーと交差項を作り、それらを検定の対象とした（同前：pp.469-71）。

その結果、子ども衣料費/男性衣料費については、子ども1人のケースについては符号条件は満たしても有意でなかったものの、それ以外の子ども2人、3人の政策変更前後のダミーとの交差項、およびそれらの線形結合は両支出で有意であった。選好や価格体系の変化を考慮して、期間を政策変更直後の1983年までに限っても同様であった。女性衣料費/男性衣料費についても、上記より程度は薄まったものの、傾向は似たものであった。このように、夫から妻への所得の移転は子どもおよび妻に関連する支出の増加となり、所得額が一定なら影響を与えないとする「プールされた家計所得」仮説とは矛盾する結果となった（同前：pp.473-5）。

一般的な意義としては、変化が外生的であるこの「自然実験」によって、先進国および開発途上国両方での女性の就労や所得の意義が明らかになったのではないかという（同前：p.479）。

このように、実証的に「プールされた家計所得」の成立を反証するということは、世帯内での資源配分について家族間の交渉があり、それが世帯の総支出や支出額や消費パターンに影響を与えうるということである。世帯を単一の意思決定主体と仮定することは、Rotten kids theorem のような仮構を想定したとしても現実には過度の単純化につながり、各種政策をミスリードするおそれがある。

4．EFSと家族の消費行動

4－1．家計調査と経済理論

上の3－3では、経済学においては経済主体を個人としながらも（方法的個人主義）、実際には世帯を「質点」のように内部構造を持たない基本単位として取り扱う難点を「プールされた家計所得」仮説への批判として検討した。しかし、Lundberg,

Pollak and Wales (1997)の批判のケーススタディにおいても、「自然実験」という特異な想定に主眼が置かれており、通常の一般的な家族の消費行動を問題にしたのではなかった。また、「プールされた家計所得」仮説の指標として「割当可能な」衣服等の支出を従属変数とすることは、特定の消費かつ伝統的な性的分業という前提に強く依拠している。

家族の消費行動に関する議論は、マイクロ・データに関わり経験的にも二方面で問題を提起しているように思われる。一方では、家族の個々の構成員の収入・支出などが、おそらく家族内の交渉を通じてどのように経済単位である家族としての意思決定に結びついているかの解明である。マイクロ・データからは、例えば、専業主婦は収入がなくても支出を行っている。家族の外延と統計的定義も問題になるであろう。例えば、上で触れた例のように、マイクロ・データから得られる新聞の個人の購入額・率が家計とどのように関連すると解釈すればよいであろうか。世帯参照人と配偶者との収入が合算されて家計収入となり、支出も世帯が単位であって個人ではないことが多く、世帯の内部での家計の管理のあり方について理解することが重要となるように思われる。

他方で、個別品目については、消費パターンの変化が何によって惹起されうるのかということを大分類以下の項目で明らかにする可能性が生じてくる。例えば、エンゲル曲線については、従属変数を食費やその下位項目だけでなく個々の品目レベルに分類することができるが、その場合は個々の家族の属性や習慣形成という固定効果が影響しそうである。これがエンゲル曲線にとって意味することや、品目内の商品名やブランドの差異が統計に直接影響を与えているのかもしれない。

このように家計調査のマイクロ・データから得られる情報が、経済主体としての家族および消費支出の対象としての品目に関わりどのように活用されるかが、家族の消費行動についての理論的かつ経験的研究に今後期待される。その作業の前提として、以下では EFS マイクロ・データから得られる家族の消費行動を概観しておこう。

４−２．EFS におけるエンゲル曲線

まず、統計としての EFS の概況を理解するため、同時期の日本の「家計調査」と家計支出を対照させた。上述のように EFS では欧州共通の COICOP による 12 大品目を採用しており、日本の「家計調査」では 10 大品目に分類されている。そのため「家計調査」の下位項目を組替えて、日本に COICOP が導入された場合の近似例として示してみた（表 1-3）。

マクロ的にはこのときの両国の 1 人当たり GDP は英国がやや大きいかほぼ同程度とされているので、両者の支出総額が近似していることはありそうである。また、通貨価値の変動も直接の比較に影響している。しかし、マイクロな視点からは、調査設計やサンプルにおける家族構成などの属性が異なるはずなので、何らかの理由でばらつきが見えなくなっている可能性がある。

両者の支出額を比べると、いくつかの項目において日本の方がかなり少ない項目がある。「その他の消費支出」に相当する部分が使途不明であり、適切な品目に配分できていないことが寄与していると思われる。家計の属性・特徴、税制などの制度的要因、分類や品目の相違も考慮しつつ、家計調査から消費の実態を探るにはマイクロ・データによる組替えが有効であろう。

そこで、家族の消費行動への第一次接近としてエンゲル曲線を取上げよう。エンゲル曲線は所得分位による集計値に基づく経験的研究として始まったが、やがて消費者行動理論におけるマーシャル型の需要関数

$$q = c(x, \mathbf{p}; \mathbf{z})$$

と関連づけて解釈されようになる（牧 2007：1 章）。ここで、q はある品目についての世帯の消費量（エンゲル曲線では食料）、x は世帯の支出総額、$\mathbf{p}$ は相対価格ベクトル（エンゲル曲線では世帯に共通）、$\mathbf{z}$ は世帯の属性など外生的とされる要因群である。エンゲル曲線をめぐっては、現代に至るまで経験面だけでなく、３−１で述べたように線形支出体系に関わり係数の集計条件などを含め理論面でも盛んにその特定化や意義が議論されている（すでにあげた文献以外に、例えば、Gorman 1981；林 1996；美添・川名部 2002；Browning 2008；山中 2009）。

表 1-3 英国 EFS と日本「家計調査」の対応表

COICOP カテゴリー	EFS (2005-06) 全世帯構成比	週支出額 (£)	円・月額換算		項目	家計調査 (2006) 全世帯構成比	月支出額 (円)	備考
1 Food & non-alcoholic drinks 食料及び非アルコール飲料	12.3%	45.30	36,773		食料	17.4%	44,904	除、酒類、外食
2 Alcoholic drinks, tobacco & narcotics アルコール、タバコ及び薬物	2.9%	10.80	8,767		(酒類)	1.1%	2,845	
3 Clothing & footwear 被服及び履物	6.2%	22.70	18,427		被服及び履物	4.5%	11,595	
4 Housing(net), fuel & power 住居、燃料、電気	12.0%	44.20	35,880		住居	7.6%	19,600	
					光熱・水道	7.2%	18,584	
5 Household goods & sevices 家庭用品・サービス	8.2%	30.00	24,353		家具・家事用品	3.1%	8,123	
6 Health 保健	1.5%	5.50	4,465		保健医療	4.2%	10,870	
7 Transport 交通	16.8%	61.70	50,086		(交通・通信)	9.0%	23,225	うち、交通
8 Communication 通信	3.2%	11.90	9,660		(交通・通信)	3.9%	10,040	うち、通信
9 Recreation & culture 娯楽及び教養	15.6%	57.50	46,676		教養娯楽	10.6%	27,462	
10 Education 教育	1.8%	6.60	5,358		教育	3.5%	8,977	
11 Restaurant & hotels 外食及び宿泊	10.0%	36.70	29,792		(外食)	4.6%	12,002	
12 Miscellaneous goods & services その他の財・サービス	9.4%	34.60	28,087		その他の消費支出	23.4%	60,424	
合計 All expenditure groups 全支出分類	100.0%	367.50	298,322		消費支出計	100.0%	258,651	

(注) 円/ポンド換算比率は 2005 年 12 月 30 日終値による (202.94 円/ポンド)。月額換算は週当たり値を 4 倍している。

しかし、エンゲル曲線そのものの議論ではなく、それを媒体として家族の消費行動をマイクロ・データに即して概観するためには、この目的に沿った理論的に健全で経験的に妥当で実用的なモデルが必要とされる。このような点から、Working (1943) による支出シェアと半対数モデルを基礎として、Deaton (1997) は次のように特定化して OLS で推定を行った。

$$w_i = \alpha_i + \beta_i \ln(x/n) + \eta_i \ln n + \sum_{k=1}^{K-1} \gamma_{ik}(n_k/n) + \tau_i \cdot z + u_i$$

ここで、前の式の記号を踏襲しつつ、添字 i は品目についてであり、n は世帯人数、n_i はその世帯人数を性および年齢で K 個の部分に区分したうちの k 番目の人数、u は誤差項を表す。β は正の場合はその品目の支出弾力性は 1 以上であることを意味し、支出（所得）の伸びとともにより多く消費される奢侈財と解釈される。逆に、負であると必需財となる。

この式は、食料などの品目の総支出に占めるシェア $w = p \cdot q/x$ は、1 人当たり支出と家族構成、その他に影響を受けると理解できる。Deaton (1997) はこのモデルをインドの家族におけるジェンダー問題と家計支出の文脈で、比較的実用的に用いたことに注意する必要がある。右辺の第 4 項の項はその表れといえる。それに対し、z には宗教、カースト、職業などの変数をあてているが、調整のためであって明示的な分析はなされていない。また、支出は 1 人当たりとしているが、家族を単位とした場合妥当か検討が必要である。今回はひとまずこのオリジナルのモデルになるべく近似した EFS の変数を対応させることとした（表 1-4）。

表 1-4 説明変数と EFS との対応

変数	EFS変数	内容
pq	p601	総食料及び非アルコール飲料
x	p600	総消費支出
n	a049	世帯人数
n_k (男子)	a021	2-5未満歳　男子の数
	a022	5-18歳
	a023+a024	18-60歳
	a025+a026+a027	60+歳
n_k (女子)	a031	2-5未満歳　女子の数
	a032	5-18歳
	a033+a034	18-60歳
	a035+a036+a037	60+歳
z_j	gor	（地方局の）地域

（出所）ONS（2005-06 Vol.3）

まず、従属変数は総括的な食料への支出を支出の総額で除した比率である食料支出シェアとした。家族構成の区切りはややオリジナルと異なるが、状況に応じた年齢区分でなければならない。Deaton (1997)では男女の同年齢層での係数の差の検定を行っている。zには様々な変数が考えられるが、最低限地域差を反映するようにした。家族内の人間関係や交渉が外生的および内生的に表現できるような変数を追究することが今後の課題である。なお、女子の最高齢区分の構成比率をK番目の変数として省いた。また、地域に関わる変数 gor は north east 地区を基準としたダミー変数である。

次に、使用するデータテーブル 2005-06_dvhh_UKanon_v2 について、各変数の分布を吟味した。集計値による統計書を用いる場合と異なり、マイクロ・データでは個別のレコードが特異な値や大きなレバレッジを持っていないか調べる必要がある。今回のサンプルは 6,785 世帯であったが、週当たり消費支出が約 6 千ポンドもある世帯が存在した（平均は 360 ポンド）。しかも、この世帯は食料には平均以下の週当たり 30 ポンドしか支出していない。その他属性には特徴的なところがなかったので、調査週にたまたま様々な大型出費を行ったと考え、以下ではこのレコードを削除して $n = 6784$ として分析を行った。

OLS による推定結果は表 1-5 のとおりである。サンプルサイズがある程度大きいため帰無仮説は棄却されやすい傾向があるが、各 VIF も 1 から 3 前後で、全体として一定の説明力を有していると考えられる。最初の説明変数である 1 人当たり消費支出の自然対数 lxn の係数の符号は負であるので、消費支出が増すにつれて食料の支出シェアが低下する「エンゲル法則」のとおり食品類は必需財であるといえる。

家族の構成員に関連する変数の係数もすべて負である。対数化された世帯人数 ln、およびその性別年齢層の構成比率 a*n が増すと食料の支出シェアは低下する。若年層ほどその率が高い（男女差の F 検定は行っていない）。この傾向は、オリジナルの場合の「砂糖」の推定結果によく似ている（Deaton 1997: p.222）。また、本稿と同様に、ほぼオリジナルのモデルを日本の家計における教育への支出に適用した場合に、上記の係数の符号は反対にすべて正になっている（永瀬・長町 2002）。

表 1-5 EFS2005-06 におけるエンゲル曲線の推定結果

Source	SS	df	MS		
Model	24.9398936	23	1.0843432	Number of obs =	6784
Residual	42.3494964	6760	.006264718	F(23, 6760) =	173.09
				Prob > F =	0.0000
				R-squared =	0.3706
				Adj R-squared =	0.3685
Total	67.28939	6783	.009920299	Root MSE =	.07915

w	Coef.	Std. Err.	t	P>|t|	[95% Conf. Interval]	
lxn	-.0881672	.0016194	-54.45	0.000	-.0913417	-.0849927
ln	-.0065039	.0025447	-2.56	0.011	-.0114924	-.0015154
a020n	-.1157259	.0191109	-6.06	0.000	-.1531894	-.0782625
a021n	-.1151603	.0174263	-6.61	0.000	-.1493214	-.0809993
a022n	-.0580413	.0086834	-6.68	0.000	-.0750636	-.041019
a0234n	-.0547427	.0039963	-13.70	0.000	-.0625766	-.0469088
a02567n	-.0259009	.0048951	-5.29	0.000	-.0354969	-.0163049
a030n	-.1099656	.021333	-5.15	0.000	-.1517851	-.0681461
a031n	-.1015513	.0168654	-6.02	0.000	-.1346128	-.0684897
a032n	-.0705862	.0089359	-7.90	0.000	-.0881033	-.0530691
a0334n	-.0427478	.0039601	-10.79	0.000	-.0505108	-.0349848
gor						
2	.0048004	.0057755	0.83	0.406	-.0065214	.0161222
3	.0240731	.0080717	2.98	0.003	.00825	.0398962
4	.0044462	.0057651	0.77	0.441	-.0068551	.0157475
5	.0119929	.0059041	2.03	0.042	.0004189	.0235669
6	.0057285	.0058428	0.98	0.327	-.0057252	.0171823
7	.0162597	.005789	2.81	0.005	.0049115	.027608
8	.01589	.0057462	2.77	0.006	.0046256	.0271543
9	.0172491	.0054147	3.19	0.001	.0066345	.0278636
10	.0142485	.0057276	2.49	0.013	.0030206	.0254763
11	.0152834	.0064335	2.38	0.018	.0026717	.027895
12	.0100293	.0057945	1.73	0.084	-.0013298	.0213884
13	.0198273	.0058682	3.38	0.001	.0083237	.0313309
_cons	.6255009	.009266	67.51	0.000	.6073367	.6436651

　地域差 gor の係数の符号はすべて正となったが、一部で有意とならず、全体としてはあまり説明力がないといえる。基準となる地区はスコットランドに近い地域で相対的に所得が高くない。そのために、支出との間で交絡気味になっている可能性がある。変数と推定方法に修正が必要と思われる。

5．おわりに

　本稿では英国の家計調査である EFS を例に、マイクロ・データが家族の消費行動の分析に与える可能性について検討を行った。具体的には、エンゲル曲線を中心とした第一次接近を行い、個人と個々の品目についてのクロスセクションのマイクロ・データの情報は集計量に対して単に詳細であることに止まらないこと、しかしデータそのままでは各家族の消費行動の特徴を表すことにはならないこと、その情報を活用できるような理論的研究や変数の探索およびそれに応じた推定方法についての追究が課題となることを得た。

　この点に基づき、今後はいくつかの発展方向があるように思われる。一つは品目について、食品を細分化して個々の品目に分類することを含め、従属変数を食料以外にも広げることである。例えば、社会政策的な観点からアルコールやタバコなどの特定の嗜好的な品目を対象とし、消費の分布やサンプルセレクション等も考慮しながら推定方法が選択されている(Atkinson, Gomulka and Stern 1990；Verbeek 2000)。あるいは、すでに上で触れたように、特に義務教育以降の教育への支出が「奢侈的」で性差があったり（永瀬・長町 2002）、教養・文化（クリエイティブ産業）関連品目が対象とされたりしている（有馬 2008）。その他、耐久消費財、資産・負債、環境負荷などについても研究が行われている。

　第二は、個人と家族、家族内での資源配分や意思決定に関してである。マイクロ・データを用いて、経済学と社会学とにまたがるような接近方法が可能ではないかと思われる（すでにあげた文献以外に、例えば、上田・佐々木 2005；木村 2010）。

　最後にこれらを総合して、各国における家族の消費行動の比較である（山田 1990）。多少以前のものであるが、集計量（統計表）レベルでの経験的比較研究である家計経済研究所（1989）を見ると、当時の英国が現在の日本を予示するかのように高齢化等の社会変動がデータに表れている。マイクロなレベルでは、これらをより精確に裏付けることができるように思われる。

参考文献

[1] 有馬昌宏（2008）「消費支出と行動実態から見た芸術・文化の需要構造」『季刊家計経済研究』家計経済研究所，第 79 号.

[2] 石橋喜美子（2006）『家計における食料消費構造の解明：年齢階層別および世帯類型別アプローチによる』農林統計協会.

[3] 泉田成美，石垣浩晶，木村友二，五十嵐俊子（2006）『商品差別化と合併の経済分析』公正取引委員会 CPRC 共同研究報告書.

(http://www.jftc.go.jp/cprc/reports/cr-0506..pdf：2011 年 8 月 8 日参照)

[4] 上田貴子，佐々木明果（2005）「家計消費と家族属性：「消費生活に関するパネル調査」個票データによるミクロ分析」『ファイナンシャル・レビュー』財務省財務総合政策研究所，第 78 号.

[5] 宇南山卓（2011）「家計調査の課題と改善に向けて」『統計と日本経済』東京大学経済学部 CIRJE，第 1 巻第 1 号.

(http://www.cirje.e.u-tokyo.ac.jp/journal/20110102.pdf：2011 年 8 月 8 日参照)

[6] 宇南山卓，岩本康志，チャールズ・ホリオカ，林文夫，菅野雅明，宅森昭吉，桑原廣美，大貫裕二，永山貞則(2011)「家計調査に関する現状と今後の課題（セミナー）」『統計と日本経済』東京大学経済学部 CIRJE，第 1 巻第 1 号.

(http://www.cirje.e.u-tokyo.ac.jp/journal/20110103a.pdf：2011 年 8 月 8 日参照)

[7] 宇南山卓，小田原彩子（2009）「新しい家族の経済学：Collective モデルとその応用」『国民経済雑誌』神戸大学経済経営学会，第 200 巻第 4 号.

[8] 奥村忠雄，多田吉三(1981)『家計調査の方法』光生館.

[9] 家計経済研究所（編）(1989)『家計構造の国際比較：II 日英比較』家計経済研究所.

[10] 金子治平，他（2007）「国際比較可能な統計データの提供：雇用指標と家計調査」，統計分析プロジェクト（編）『統計分析プロジェクト研究会報告書：平成 18 年度』統計情報研究開発センター，2 章所収.

[11] 釜田公良（2000）『世代間所得移転政策と家族の行動』(中京大学経済学研究叢書)，勁草書房.

[12] ガンガ伸子（2005）「わが国における 1990 年以降の消費生活構造の特徴：AIDS (Almost Ideal Demand System)による分析」『日本家政学会誌』第 57 巻第 3 号.

[13] 木村清美(2010)「家計内の経済関係と夫婦関係満足度:『現代核家族調査』を利用して」『季刊家計経済研究』家計経済研究所, 第86号.

[14] 郡菊之助(1926)「エンゲルの法則に就いて」『商學討究』小樽高等商業學校研究室, 第1巻第1号.

[15] 澤田学 (1986)「グループ分けされたクロス・セクション・データからの需要体系推定」『帯広畜産大学学術研究報告』(第I部) 帯広畜産大学, 第14巻第4号.

[16] 総務省統計局 (編) (2004)『家計調査のしくみと見方』日本統計協会.

[17] 田中藍子 (2006)「家計財と公共財に関する家族の自発的供給行動」『経済学研究』北海道大学, 第56巻第1号.

[18] 永瀬伸子, 長町理恵子(2002)「教育コストの変化と家計構造」『社会科学研究』東京大学社会科学研究所, 第53巻第5号.

[19] 西山茂(1991)「家計調査データの統計的特性:マイクロデータセット構築に関連して」『季刊国民経済計算』経済企画庁経済研究所, 第40号.

[20] 橋本紀子(2004)『変わりゆく社会と家計の消費行動:AI需要システムによる分析』関西大学出版部.

[21] 林文夫(1996)「家計消費の実証研究」, 大山道広, 西村和雄, 吉川弘 (編)『現代経済学の潮流1996』東洋経済新報社, 第3章所収.

[22] ホリオカ, チャールズ・ユウジ, 家計経済研究所 (編) (2008)『世帯内分配と世代間移転の経済分析』ミネルヴァ書房.

[23] 牧厚志 (2007)『消費者行動の実証分析』日本評論社.

[24] 松井博(2008)『公的統計の体系と見方』日本評論社.

[25] 松田芳郎, 浜砂敬郎, 森博美(編著) (2000)『統計調査制度とミクロ統計の開示』講座ミクロ統計分析, 第1巻, 日本評論社.

[26] 御船美智子, 家計経済研究所 (編) (2007)『家計研究へのアプローチ:家計調査の理論と方法』ミネルヴァ書房.

[27] 山田茂 (1990)「英日家計調査の評価に関する一考察」『国士舘大学経済研究所紀要』国士舘大学経済研究所, 第2巻第1号.

[28] 山中高光 (2009)「日本のエンゲル係数の推移について」『商学研究』愛知学院大学商学会, 第49巻第3号.

[29] 美添泰人, 川名部友乃(2002)「ミクロデータの統計解析における問題点:全国消費

実態調査と消費行動」『社会科学研究』東京大学社会科学研究所，第 53 巻第 5 号.

[30] Attfield, C.L.F. (2005) *Extending COICOP Codes to FES Samples, 1973-2003*, Economic and Social Research Council project "Demographic and Income Distribution Indices for Demand Models", Ref: RES-000-22-108, University of Bristol.
（http://www.efm.bris.ac.uk/ecca/ESRC_Demand_Indices/Extending.COICOP.pdf: retrieved 30/03/2012）

[31] Atkinson, A. B., J. Gomulka and N. H. Stern(1990) Spending on alcohol: Evidence from the Family Expenditure Survey 1970-1983, *The Economic Journal,* **100**(402).

[32] Becker, Gary(1974) A theory of social interactions, *Journal of Political Economy*, **82**(6).

[33] Becker, Gary (1981) *A Treatise on the Family*, Cambridge, MA: Harvard University Press.

[34] Bergstrom, Theodore C. (1989) A fresh look at the rotten-kids theorem: and other household mysteries, *Journal of Political Economy*, **97**(5).

[35] Bergstrom, Theodore C. (2008) Rotten-kid theorem. In *The New Palgrave Dictionary of Economics*, 2nd ed., Basingstoke, NY: Palgrave Macmillan, Vol.7.

[36] Browning, Martin(2008) Engel's law. In *The New Palgrave Dictionary of Economics*, 2nd ed., Basingstoke, NY: Palgrave Macmillan, Vol.2.

[37] Browning, Martin, François Bourguignon, Pierre-André Chiappori and Valérie Lechene (1994) Income and outcomes: A structural model of intrahousehold allocation, *Journal of Political Economy*, **102**(6).

[38] Browning, Martin, Pierre-André Chiappori and ValérieLechene (2006) Collective and unitary models: A clarification, *Review of Economics of the Household*, **4**.

[39] Browning, Martin and Jens Bonke (2009). Allocation within the household: Direct survey evidence. *Department of Economics, Oxford University Discussion Paper Series*, **429**.

[40]Deaton, Angus (1997) *The Analysis of Household Surveys : A Microeconometric Approach to Development Policy*, Baltimore, MD: Johns Hopkins University Press.

[41] Deaton, Angus and John Muellbauer (1980) *Economics and Consumer Behavior*, Cambridge, UK: Cambridge University Press.

[42] Donni, Olivier (2008) Collective models of the household. In *The New Palgrave Dictionary of Economics*, 2nd ed., Basingstoke, NY: Palgrave Macmillan, Vol.1.

[43] Fafchamps, Marcel(2008) Intrahousehold welfare. In *The New Palgrave Dictionary of Economics*, 2nd ed., Basingstoke, NY: Palgrave Macmillan, Vol.4.

[44] Folbre, Nancy (1996) (ed.) *The Economics of the Family*, International Library of Critical Writings in Economics64,Brookfield, VT: Edward Elgar Pub.

[45] Gorman,W. M.(1981) Some Engel curves. In Angus Deaton(ed.) *Essays in the Theory and Measurement of consumer behaviour: In Honour of Sir Richard Stone*, Cambridge, UK: Cambridge University Press.

[46]Houthakker, H.S. (1957), An international comparison of household expenditure patterns: Commemorating the centenary of Engel's law, *Econometrica*, **25**(4).

[47] Lundberg, Shelly J.and Robert A. Pollak (2008) Family decision making. In *The New Palgrave Dictionary of Economics*, 2nd ed., Basingstoke, NY: Palgrave Macmillan, Vol.1.

[48] Lundberg, Shelly J., Robert A. Pollak and Terence J. Wales (1997) Do husbands and wives pool their resources? Evidence from the United Kingdom Child Benefit, *The Journal of Human Resources*, **32**(3).

[49] Leser, C. E. V. (1963) Forms of Engel functions, *Econometrica*,31(4).

[50] Lewbell, Arthur (2008) Engel curve. In *The New Palgrave Dictionary of Economics*, 2nd ed., Basingstoke, NY: Palgrave Macmillan, Vol.2.

[51] Rafferty, Anthony (2010), *Introductory Guide to the Expenditure and Food Survey*, Economic and Social Data Service.
(www.esds.ac.uk/government/docs/efsguide.pdf: retrieved 05/06/2011)

[52] Stone, Richard (1954) Linear expenditure system and demand analysis: An interpretation to the pattern of British demand, *The Economic Journal*, **64**(255).

[53] Thomas, Duncan (2008) Household survey. In *The New Palgrave Dictionary of Economics*, 2nd ed., Basingstoke, NY: Palgrave Macmillan, Vol.4.

[54] Verbeek, Marno (2000) *A Guide to Modern Econometrics*, West Sussex, England: John Wiley & Sons.

[55] Working, Holbrook (1943) Statistical laws of family expenditure, *Journal of the American Statistical Association*, **38**(221).

参考資料

[1] 総理府統計局（編）（2007）『家計調査年報：平成 18 年家計収支編』日本統計協会.

[2] Office for National Statistics (2005-06) Expenditure and Food Survey 2005-06:
　Volume 1, User Guide.
　Volume 2, The Raw Database.
　Volume 3, The Derived Database.
　Volume 4, Expenditure Codes.
　Volume 5, Database Changes.
　(http://www.esds.ac.uk/findingData/snDescription.asp?sn=5688: retrieved 31/03/2012)

[3] Office for National Statistics (2006) Expenditure and Food Survey 2006:
　Volume A, User Guide
(http://www.esds.ac.uk/findingData/snDescription.asp?sn=5986#doc: retrieved 03/07/2011)

[4] Office for National Statistics (2007), *Family Spending : 2005/06 Expenditure and Food Survey*, Palgrave.
(http://www.statistics.gov.uk/downloads/theme_social/Family_Spending_2005-06/Familyspending2005-06.pdf: retrieved 03/06/2011)

第2章　全国消費実態調査を利用した勤労者世帯における個人所得の吟味：比較統計資料を通じた「ミクロデータ」利用のための論点整理

1．はじめに

　所得分布についての統計としては、永く世帯別のもののみが存在した。全国消費実態調査と、それに重なる速報性の高い家計調査の歴史が古い。また雇用者[1]のみが対象であるが、就業構造基礎調査があり、全世帯を対象にしたものとしては国民生活基礎調査がある。

　このうち、家計調査については継続的に入れ替えられる同一標本世帯の毎月のデータを得ることができることから、時系列を確保できるメリットがあるものの、調査目的、歴史的経緯、速報性の確保などの点から「典型性」が強く現れ、無作為性が犠牲になっていることが指摘できる。また、アクセサビリティの点では現在匿名データとして提供されていない。

　現在では、国民生活基礎調査、また勤労者世帯について全国消費実態調査、雇用者について就業構造基礎調査を利用する分析が主流である[2]。

　ところで、これらの調査の調査単位は世帯となっているが、所得分布についての公表結果もまた世帯別であり、加えて、国民生活基礎調査では夫の、全国消費実態調査、就業構造基礎調査では世帯主の区分別度数が別に公表されているのみで、世帯員の所得はせいぜい階級別平均値がわかるだけである。調査単位が事業所単位でなく、世帯単位での調査、それも個人の所得分布を公表しているものとして、他には、労働力調査（2002年以降の詳細集計）がある。回答方式では国民生活基礎調査は聞き取り式、全国消費実態調査は家計簿調査票式、労働力調査は択一式であるといった違いがある。

---

[1] 他人または法人に雇用され、労働する従業上の地位を指す用語として、法人役員を除く経済学上の労働者にほぼ等しい概念を、全国消費実態調査では「勤労者」といい、就業構造基礎調査、労働力調査等では役員を含めて「雇用者」の語を用いている。このため、「役員を除く雇用者」という項目がしばしば立てられる。本章で単に雇用者所得というときの雇用者とは「役員を除く雇用者」のそれである。
[2] これらを用いて雇用者世帯の所得分布を比較し、その原因を考察したものとしては、米澤・金子(2007)がある。

公表される集計結果では世帯員の所得は平均でしかわからないから、厳密に比較することはできない。しかし、その過程を通じて得られる、"世帯主－世帯員"所得のあり得べき同時分布について考察することは、非標本誤差は個票そのものに戻っても除去できるものではない以上、「匿名ミクロデータ」の利用に先駆けて行うべきであると考える。

単身世帯では世帯員がいないため、所得概念の変換が比較的簡単であるが、逆に、誤差の比較により、あり得べき推定法を検討するという目的には向かない。そこで以下では最初に、勤労者世帯（二人以上世帯）について実際のデータを用いて推計しながら方法を吟味することにする。

雇用者所得を求めるのに複数の統計を比較する場合、以下のような原則的限界をあげることができるかもしれない。1) 個人としての労働者の自立、労働市場などについての研究者独自の見解に基づく実質論的意義付け。例示すれば、個人の所得分布や水準がいかように低下しようと、女性が補助労働力とされて評価されていたものに近づくに過ぎない、あるいは、賃金は労働市場で評価されたものであるから、問題にする必要が無いといった事前の情報によって、データに立ち入らず、またそれに基づく実質の解明の意義を多くは認めない見解。2) 統計作成技術上、経済主体としての家計と統計上の世帯との不一致が存在する。また、調査目的が異なる統計が別に存在することから、調査方法または調査項目の定義が異なる。従って、統計理論的に異なる統計の概念を比較することは意義が薄いとする見解。3) 差は一般に存在する非標本誤差、または実査上の具体的な問題に帰する面が大きいと指摘される。

しかし筆者は、制度統計を利用する立場に立つとき、統計比較の意義と限界は、なにより統計調査、公表の具体的中身に立ち入った統計作成論に内在して吟味すること、またデータ自体の吟味を重視することが重要であると考える。

以下ではまず、比較対象とする「労働力調査」およびその中での「仕事からの収入」、「全国消費実態調査」およびその中での「収入」の概念について概説する。

2．統計比較の中での稼得所得概念

労働力調査は、我が国の就業・不就業の状況を把握することが目的である。この

ため、世帯単位で大標本調査（抽出世帯は約4万世帯）を行い、基礎調査票では、全世帯員についての年齢、性別、世帯主との関係など、15歳以上の世帯員についての就業状態（就業時間）など、就業者についての従業上の地位、従業事業所に関する項目など、完全失業者についての求職状況、世帯についての世帯員の移動などを調査する。また、詳細調査票では、15歳以上の世帯員についての教育状況、仕事からの年間収入などが調査され、就業者、完全失業者、非労働力人口、前職のあるものについても詳細な項目が調査されているが、ここでは省略する。仕事からの年間収入については、主たる仕事の種類によるものでなく、すべての仕事からの収入合計であり、あらかじめ区分された収入階級にマークする択一式記述を求める。また、過去1年の途中で変動があった場合には今後の見込額を記入することとされている。なお、詳細調査が基礎調査と統合されたのは2002年であり、それ以前は毎月行われる労働力調査とは別に労働力特別調査が行われていた。

　全国消費実態調査は、世帯を対象として、家計の収入・支出および貯蓄・負債、耐久消費財、住宅・宅地などの家計資産を5年ごとに総合的に調査するものであり、毎月行われる家計調査よりも調査項目、抽出世帯数とも多い。調査対象世帯数は二人以上世帯で約5万世帯、単身世帯で4千世帯以上である。調査事項は、(1) 家計上の収入と支出に関する事項、(2) 品物の購入地域に関する事項、(3) 品物の購入先に関する事項、(4) 主要耐久消費財等に関する事項、(5) 年間収入及び貯蓄・借入金残高に関する事項、(6) 世帯及び世帯員に関する事項、(7) 現住居及び現住居以外の住宅・宅地に関する事項に分けられ、消費支出構造を中心に多くの項目が構造的に把握できるよう調査される。

　調査方法としては、以下の特徴がある。「(1) 家計上の収入と支出に関する事項」については、二人以上の世帯では9月1日〜11月30日の3か月間、単身世帯では10月1日〜11月30日の2か月間、調査世帯が1か月1冊の家計簿に毎日の収入（勤労者世帯及び無職世帯のみ）と支出を記入する。「(4) 主要耐久消費財等に関する事項」については、調査世帯が「耐久財等調査票」に10月末現在で記入する。「(5) 年間収入及び貯蓄・借入金残高に関する事項」については、調査世帯が「年収・貯蓄等調査票」に11月末現在で記入する。「(6) 世帯及び世帯員に関する事項」、「(7) 現住居及び現住居以外の住宅・宅地に関する事項」については、二人以上の世帯は9月1日現在で、単身世帯は10月1日現在で調査世帯が「世帯票」

に記入する。

　このため、収入については、11月末に「年収・貯蓄等調査票」に記入された過去1年の年収についての収入の種類別、世帯員別調査と調査期間内の二人以上の世帯で3か月、単身世帯で2か月間、家計簿に記入された収支をもとに計算される月収とが存在することになる。

　集計表の形式では、労働力調査では世帯員個人別の年収分布が年齢、世帯主との関係、従業上の地位などとクロスして公表されるのに対し、全国消費実態調査では、世帯年収階級別、または、世帯主の年収階級別に、収支の詳細が基本属性と共に公表されるから、世帯主の年収はわかるが、他の世帯員についての集計は、世帯年収階級別、または、世帯主の年収階級別の平均値がわかるだけであり、分布はわからない。

　匿名データの提供の状況では、全国消費実態調査は提供されているが、労働力調査は提供されていない。現在の状況下では、勤労者所得を世帯全体の構成と共に把握するために全国消費実態調査を利用する意義は大きいと言えるが、その収入概念に注意する必要がある。

　全国消費実態調査では収入について二つの調査がされていることは上述の通りであるが、階級区分の基準になる「年間収入」とは、家計簿の集計結果として計上される1か月の収入と支出にいう「経常収入」に相当し、後で詳しく述べるように、財産収入、社会保障、年金、仕送りなどを含んだ数字である。従って、これだけの理由で、勤労所得、資本所得などよりも格差は小さくなる。労働力調査同様の「仕事からの収入」＝稼得所得ベースでの数値は各項目を月収として集計し直す必要があるが、月収を基準とした世帯構成比は公表値からは推定できない。また調査月の関係で月々の収支からは賞与等の大部分は含まれない。

　労働力調査は記憶に基づく過去1年間の「仕事からの収入」を事前に設定した収入階級から択一式で選択する方法をとっている。過去1年の実績をもとに仕事の変更があったとき、収入は現在の状態から自分で推計する。賞与など定まって支給される賃金以外の給与や賃金以外の収入を含む。

　従って、両者を比較するためには概念の統一が必要である。以下では匿名データの利用を予定して、全国消費実態調査の項目を労働力調査に定義する「仕事からの収入」に近づける推計を行い比較する。以下で特に注意すべき項目について説明する。

2−1．仕事の分類

両統計では仕事を以下のように分類している。

労働力調査

「おもに仕事をしていた」場合、「従業上の地位」としては「おもな仕事」を一つだけ選択させる。区分は、雇われている人(常雇い、臨時雇い、日雇い)、会社などの役員、自営業者(雇い人あり、なし)、自営業者の手伝い、内職などがある(図2-1)。

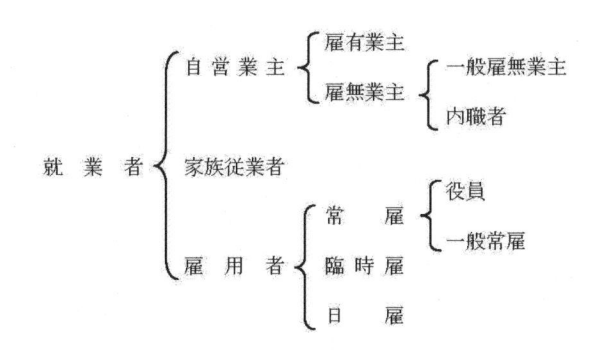

```
                    ┌ 雇有業主
         ┌ 自営業主 ┤           ┌ 一般雇無業主
         │          └ 雇無業主 ┤
         │                      └ 内職者
就 業 者 ┤ 家族従業者
         │          ┌ 常  雇  ┌ 役員
         │          │          └ 一般常雇
         └ 雇 用 者 ┤ 臨 時 雇
                    └ 日  雇
```

自 営 業 主：個人経営の事業を営んでいる者
雇 有 業 主：一人以上の有給の従業者を雇って個人経営の事業を営んでいる者
雇 無 業 主：従業者を雇わず自分だけで、又は自分と家族だけで個人経営の事業を営んでいる者
内 職 者：自宅で内職（賃仕事）をしている者
家 族 従 業 者：自営業主の家族で，その自営業主の営む事業に無給で従事している者
雇 用 者：会社，団体，官公庁又は自営業主や個人家庭に雇われて給料，賃金を得ている者及び会社，団体の役員
常 雇：「役員」と「一般常雇」を合わせたもの
役 員：会社，団体，公社などの役員（会社組織になっている商店などの経営者を含む。）
一 般 常 雇：1年を超える又は雇用期間を定めない契約で雇われている者で「役員」以外の者
臨 時 雇：1か月以上1年以内の期間を定めて雇われている者
日 雇：日々又は1か月未満の契約で雇われている者

図2-1 労働力調査における「従業上の地位」の区分

（出所）総務省統計局ホームページ（http://www.stat.go.jp/data/roudou/pdf/definit.pdf）。

表 2-1　全国消費実態調査職業分類

符号	種類	符号	種類
	勤労者世帯		勤労者以外の世帯
	労務作業者世帯		個人営業世帯
1	常用労務作業者	7	個人経営者
2	臨時・日々雇労務作業者	6,8	（その他の個人営業）
	職員世帯		その他の世帯
3	民間職員	9	法人経営者
	官公職員	10	自由業者
4	国家公務	11	その他の職業
5	地方公務	12	無職世帯

(出所)　「全国消費実態調査　平成 16 年」および総務省統計局ホームページ
(http://www.stat.go.jp/data/zensho/2004/pdf/h16_fu05.pdf 2011 年 5 月現在) より作成。

全国消費実態調査
　自記させた内容を職業項目の種類に分類集計する。世帯主が属する項目に応じて世帯分類する。表 2-1 に示したように、符号のついた排反する基礎分類があり、それを階層に積み上げていき、作表上の分類が作られる。
　勤労者に含まれるのは、1)常用労務作業者、2)臨時及び日々雇い労務作業者、3)民間職員、4)官公職員(国家公務)、5)官公職員(地方公務)であり、会社役員（分類上の 3) ～5)に属するものでも、程度の高い企画管理、行政事務、監督事務に従事するものは職員でなくこちらに含める）及び外国公務員を除く。
　勤労者世帯とは、世帯主が会社、官公庁、学校、工場、商店などに雇用されている世帯をいう。ただし、上述のように世帯主が社長、取締役、理事など会社・団体の役員、外国公務員である世帯は、勤労者以外の世帯とする。
　よって、おおむね労働力調査の「役員を除く雇用者」≒全国消費実態調査の「勤労者」とみなすことができる。

２－２．収入の定義

　両統計における収入の定義は以下の通りである。

労働力調査
　この 1 年間のすべての仕事からの収入

表 2-2　全国消費実態調査勤労者世帯（二人以上の世帯）収入項目

収　支　項　目	平　均 Average
集　計　世　帯　数	31,025
世　帯　数　分　布（抽　出　率　調　整）	495,672
（　　　1　　　万　　　分　　　比　　　）	10,000
世　　帯　　人　　員（人）	3.52
有　　業　　人　　員（人）	1.70
年　　間　　収　　入（千円）	7,401
収　　入　　総　　額	971,740
実　　　収　　　入	502,114
経　　常　　収　　入	490,947
勤　　め　　先　　収　　入	461,555
世　帯　主　の　勤　め　先　収　入	382,438
世　帯　主　の　配　偶　者　の　勤　め　先　収　入	57,333
他　の　世　帯　員　の　勤　め　先　収　入	21,784
事　業　・　内　職　収　入	2,375
本　業　以　外　の　勤　め　先　・　事　業　・　内　職　収　入	5,033
他　　の　　経　　常　　収　　入	21,985
特　　　別　　　収　　　入	11,166
実　収　入　以　外　の　収　入	391,797
可　　処　　分　　所　　得	425,513

(注) 1. 詳細な項目と支出は除いてある。
　　 2. 加減により理解を容易にするため、2004 年の平均値（月額。単位:円）を右に示す。
(出所)「全国消費実態調査　平成 16 年」より作成。

全国消費実態調査

　1)「年収／貯蓄等調査票」による前年 12 月から同年 11 月までの 1 年間の世帯及び世帯主の年間収入

　2) 家計簿による世帯の 9、10、11 月の月収(二人以上世帯)または 10、11 月の月収（単身世帯）。

　借金、貯金取り崩しを含む「月収」、これらを除く「実収入」、社会保障給付を含む「経常収入」と贈与などの「特別収入」からなる（収入・支出には「仕送り」が、受取額が収入、支払い額が支出の項目に、両建てで含まれる）。

　3) 勤労者世帯の場合、「勤め先からの収入」の項目が、世帯主、配偶者、他の世帯員のそれぞれについてある。

　家計簿による月平均収支項目の詳細は表 2-2 に要約を示した。

要点を示せば以下の通りである。
- 実収入（月収）＝経常収入+特別収入
- 経常収入＝「勤め先収入」+「事業・内職収入」+「本業以外の勤め先・事業・内職収入」+「その他の経常収入」
- 「勤め先収入」＝「世帯主の勤め先収入」+「配偶者の勤め先収入」+「他の世帯員の勤め先収入」
- 「事業・内職収入」：世帯主以外の世帯員が世帯家計に繰り入れた事業収入等。内訳としては、
  「事業・内職収入」＝「農林漁業収入」+「家賃収入」+「他の事業収入」
  となる。
- 「その他の経常収入」＝「財産収入」+「社会保障給付」+「仕送り」
- 「本業以外の勤め先・事業・内職収入」：世帯主を含む世帯員全員の本業以外の勤め先収入と世帯主の事業・内職収入（世帯員が営む事業・内職は「事業・内職収入」であり、これとの二重計算は行わないため、世帯主の「本業以外の勤め先・事業・内職収入」と世帯員の「本業以外の勤め先収入」の合計である）。

　定義上、給与所得以外の事業、内職は多くは経費控除後のものが家計に繰り入れられるから、実際は労働力調査同様「営業利益」とみなすことができる（農家など）。ただし、自宅で行う個人消費と区別できない消耗品を用いる小規模事業は収入から明白な仕入れ代金を除いたもののみを記載していると考えられ、これに対応して、支出で対応する消費項目や自宅設備の維持管理費用はそれを含むとも考えられる（家賃、およびたばこ店、家庭教師など自宅事業所で行う事業）が、通常これらの影響は軽微であろう。

　これと別の問題として、「家計に繰り入れられたもの」であるから、アルバイト所得等であっても、家計に繰り入れず独自に行っているものは含まれないと解釈できる（実際調査しようがない）。

　以上から、全国消費実態調査の「勤め先収入」+「事業・内職収入」+「本業以外の勤め先・事業・内職収入」、すなわち経常収入から「他の経常収入」を引いたものが、労働力調査の「仕事からの収入」に対応すると考えるのが合理的である。以下では統一略語として「稼得所得」の用語を用いる。

　この場合、全国消費実態調査の「事業・内職収入」、「本業以外の勤め先・事業・

内職収入」は世帯単位でしか公表されないので、二人以上世帯の世帯主以外の世帯員については、別途考慮する必要がある。配偶者およびその他の世帯員については合計を世帯数で割ったもので公表されており、世帯収入階級、世帯主収入階級別の平均値がわかるだけであることに注意が必要である。

　また、分類される収入階級についても、すべての種類の年収合計であり、さしあたり上記のような稼得所得に相当するものを得ることはできず、公的な年金、社会保障、私的仕送り等が含まれている。また、年収であるので賞与が含まれるが、収支月額で稼得所得を求めるときは、これが入らないであろうことを考慮しなければならない。

2-3. 就業者数

　就業者数について注意すべきことは以下の通りである。

労働力調査
　調査単位は世帯であるが、最終的には世帯員について、直近の1週間で主に仕事をしていた人について集計されている。就業者に占める雇用者の比率などでは正しく現れるが、世帯数では世帯主が非就業者（年金生活者等）である世帯は現れないことに注意が必要である。

全国消費実態調査
　就業状態は労働力調査と異なり、通常の状態であるので、必ずしもその時点で仕事に就いているわけではない。その上で、単身世帯と、二人以上世帯の世帯主は就業しているとみなすことが可能であり、勤労者世帯であれば、おもな収入源は勤め先からの給与である。二人以上世帯の世帯員については、就業人数の記載はあるが、世帯収入の項目では区別されている配偶者とその他の世帯員との区別はない。また、世帯員の職業区分はないので、必ずしも職業としては勤労者に区分されない人数が混じっている可能性はある。なお、世帯員を含む全体の整合性の検討は後の課題である。

　以下で、年収と月の収支項目をもとに年収階級別の勤労者世帯の特徴について予

備的考察を行い、年単位の稼得所得を計算する方法を示す。

3．二人以上世帯における世帯主とその他の世帯員

ここでは以上の考察をもとに二人以上の勤労者世帯を対象に稼得所得を計算する。

最初に、月収入から世帯主と世帯員の稼得所得を計算し、その合計として年収を求める。月収支簿から

世帯としての「稼得所得」＝「経常収入」－「他の経常収入」

となる。世帯主と配偶者および他の世帯員別では、「本業以外の勤め先・事業・内職収入」に世帯員の「本業以外の勤め先収入」が含まれるが、これは無視できるとして、「本業以外の勤め先・事業・内職収入」は世帯主の稼得所得に、「事業・内職収入」は配偶者および他の世帯員の稼得所得に含まれるものとする。

世帯主の「稼得所得」
 ＝「世帯主の勤め先収入」＋「本業以外の勤め先・事業・内職収入」

配偶者および他の世帯員の「勤め先収入」（合計）
 ＝「配偶者の勤め先収入」＋「他の世帯員の勤め先収入」

を以下単に「世帯員の勤め先収入」と略す。同様に、配偶者および他の世帯員も単に「世帯員」と略す。

配偶者および他の世帯員の「稼得所得」（合計）
 ＝「世帯員の勤め先収入」＋「事業・内職収入」

こうして計算した「稼得所得」は、世帯員が家計に繰り入れない分だけ確実に過小であり、世帯主、世帯員とも賞与等の調査対象期間外の収入が把握できていない。世帯主、世帯員、世帯別に月収の 12 倍として計算した稼得所得と年収との対応表を表 2-3（世帯主収入階級別）および表 2-4（世帯収入階級別）に示す。

表 2-3 では世帯主の年収階級別に特徴をみることができる。世帯主の稼得月収に占める本業以外の収入（稼得所得）は高所得層で明らかに高く、1000 万円を越えるあたりから増え始め 2000 万円以上では 10 パーセントにもなる。また低所得層でもやや高くなる。

表 2-3　世帯主の年間収入階級別収入項目

		世帯主				世帯員					世帯	
	世帯の年間収入(千円)	世帯主の勤め先収入	本業以外の勤め先・事業・内職収入	「仕事から」の世帯主収入	本業以外の収入/「仕事から」の世帯主収入	世帯員の勤め先収入	事業・内職収入	世帯員の収入合計	世帯主以外の有業世帯員	有業世帯の一人あたり平均収入	世帯の「仕事から」の収入	「仕事から」収入（月額）の年間（12か月分）合計(千円)	対世帯「年間収入比
平　　均	7,401	382,438	5,033	387,471	1.30%	79,117	2,375	81,492	0.7	116,417	468,963	5,628	76.04%
200 未満	2,969	131,331	2,939	134,270	2.19%	72,609	1,979	74,588	0.72	103,594	208,858	2,506	84.42%
200～250	3,729	183,079	3,677	186,756	1.97%	75,468	2,635	78,103	0.79	98,865	264,859	3,178	85.23%
250～300	4,174	207,528	3,796	211,324	1.80%	75,649	2,306	77,955	0.79	98,677	289,279	3,471	83.17%
300～350	4,740	244,103	2,712	246,815	1.10%	81,461	1,671	83,132	0.76	109,384	329,947	3,959	83.53%
350～400	5,154	270,935	3,664	274,599	1.33%	77,039	1,886	78,925	0.71	111,162	353,524	4,242	82.31%
400～450	5,567	303,684	1,759	305,443	0.58%	74,600	2,245	76,845	0.71	108,232	382,288	4,587	82.40%
450～500	6,091	329,288	2,646	331,934	0.80%	77,023	1,695	78,718	0.69	114,084	410,652	4,928	80.90%
500～550	6,613	360,108	1,992	362,100	0.55%	78,173	1,842	80,015	0.68	117,669	442,115	5,305	80.23%
550～600	7,247	383,958	2,895	386,853	0.75%	78,226	2,027	80,253	0.63	127,386	467,106	5,605	77.35%
600～650	7,645	409,165	3,404	412,569	0.83%	77,096	2,579	79,675	0.65	122,577	492,244	5,907	77.27%
650～700	8,349	434,222	4,956	439,178	1.13%	85,142	1,802	86,944	0.7	124,206	526,122	6,313	75.62%
700～750	8,842	461,355	5,010	466,365	1.07%	89,433	1,684	91,117	0.7	130,167	557,482	6,690	75.66%
750～800	9,501	481,565	4,260	485,825	0.88%	92,919	3,413	96,332	0.73	131,962	582,157	6,986	73.53%
800～900	10,221	514,333	5,936	520,269	1.14%	98,969	2,217	101,186	0.74	136,738	621,455	7,457	72.96%
900～1000	11,169	568,918	6,143	575,061	1.07%	86,538	3,660	90,198	0.75	120,264	665,259	7,983	71.48%
1000～1250	12,339	633,695	11,371	645,066	1.76%	70,618	3,933	74,551	0.65	114,694	719,617	8,635	69.98%
1250～1500	14,815	748,413	34,568	782,981	4.41%	49,126	9,554	58,680	0.61	96,197	841,661	10,100	68.17%
1500～2000	18,075	844,963	71,191	916,154	7.77%	47,596	5,271	52,867	0.52	101,667	969,021	11,628	64.33%
2000 以上	26,454	919,988	103,162	1,023,150	10.08%	93,767	3,108	96,875	0.72	134,549	1,120,025	13,440	50.81%

(注) 階級区分の単位は万円。特に断りがない場合、収入は月額（円）。
(出所)「全国消費実態調査 平成16年」より作成。

表 2-4 世帯の年間収入階級別収入項目

年間収入階級（万円）	年間収入（千円）	世帯主の勤め先収入	世帯主 本業以外の勤め先・事業・内職収入	「仕事から」の世帯主収入	本業以外の収入／「仕事から」の世帯主収入	世帯員の勤め先収入	事業・内職収入	世帯員 世帯員収入合計	世帯主以外の有業世帯員	有業世帯員の一人あたり平均収入	世帯の「仕事から」の収入	世帯「仕事から」の収入（月額）（12か月分）合計(千円)	対世帯の「年間収入」比
平　　均	7,401	382,438	5,033	387,471	1.30%	79,117	2,375	81,492	0.7	116,417	468,963	5,628	76.04%
200 未満	1,436	122,718	1,811	124,529	1.45%	12,265	307	12,572	0.3	41,907	137,101	1,645	114.57%
200～250	2,238	168,338	2,619	170,957	1.53%	13,668	811	14,479	0.31	46,706	185,436	2,225	99.43%
250～300	2,730	187,202	2,716	189,918	1.43%	20,467	1,531	21,998	0.39	56,405	211,916	2,543	93.15%
300～350	3,235	225,629	1,628	227,257	0.72%	23,601	1,019	24,620	0.42	58,619	251,877	3,023	93.43%
350～400	3,733	247,966	1,909	249,875	0.76%	26,335	1,190	27,525	0.42	65,536	277,400	3,329	89.17%
400～450	4,220	274,097	1,401	275,498	0.51%	32,915	1,349	34,264	0.5	68,528	309,762	3,717	88.08%
450～500	4,724	292,515	1,841	294,356	0.63%	37,311	1,477	38,788	0.53	73,185	333,144	3,998	84.63%
500～550	5,219	320,369	1,480	321,849	0.46%	37,952	1,001	38,953	0.51	76,378	360,802	4,330	82.96%
550～600	5,723	337,449	1,864	339,313	0.55%	49,562	1,507	51,069	0.62	82,369	390,382	4,685	81.86%
600～650	6,205	360,655	2,280	362,935	0.63%	49,891	1,589	51,480	0.58	88,759	414,415	4,973	80.14%
650～700	6,720	372,773	2,521	375,294	0.67%	58,111	1,679	59,790	0.65	91,985	435,084	5,221	77.69%
700～750	7,196	404,081	4,387	408,468	1.07%	59,086	1,642	60,728	0.63	96,394	469,196	5,630	78.24%
750～800	7,711	415,632	2,647	418,279	0.63%	69,219	2,951	72,170	0.72	100,236	490,449	5,885	76.32%
800～900	8,439	440,155	5,070	445,225	1.14%	79,356	1,758	81,114	0.76	106,729	526,339	6,316	74.84%
900～1000	9,448	473,591	4,501	478,092	0.94%	96,101	2,691	98,792	0.84	117,610	576,884	6,923	73.27%
1000～1250	11,034	505,840	8,793	514,633	1.71%	143,117	4,390	147,507	1.01	146,047	662,140	7,946	72.01%
1250～1500	13,559	543,778	12,142	555,920	2.18%	220,608	3,782	224,390	1.22	183,926	780,310	9,364	69.06%
1500～2000	16,730	585,232	25,999	611,231	4.25%	291,034	8,771	299,805	1.38	217,250	911,036	10,932	65.35%
2000 以上	24,089	739,674	71,842	811,516	8.85%	290,828	20,526	311,354	1.48	210,374	1,122,870	13,474	55.94%

（注）階級区分の単位は万円。特に断りがない場合、収入は月額（円）。
（出所）「全国消費実態調査 平成16年」より作成。

本業以外の収入（稼得所得）には年金や金融所得は含まれないので、いわゆる副業であるが、低所得層ではおもな勤め先以外の働き口を求めた結果であることが推察される。高所得層では、事業の兼業の他、不動産所得が稼得所得に含まれるので、その寄与も考えられる。

　世帯員の稼得所得をみると、全体としては、有業人数は世帯主収入とあまり関係なく、また一人あたり稼得所得も世帯主年収800万円台前後が最高となるがさほどの差は無い。このため、最高収入階級の手前で有業人数がやや下がる分、世帯員の稼得所得が少なくなっているという特徴がある。

　世帯の稼得所得年額を月額の12倍で求めた結果が右から2列目（単位千円）である。各階級ごとに世帯の年収（平均）が公表されているので、これとの比率をとると、世帯主年収との負の相関があることがわかる。月収の単純比例分は年収に対し、平均で76％、低所得層で84％、最高階級では50％ほどになる。

　表2-4では世帯の年収別に計算した。世帯主における副業が稼得所得に占める比率の傾向はおおむね同じでややぼやけるだけである。これはつまり、現在の所、世帯収入の傾向を決定しているのは大きくは世帯主の収入であるという状態を表している。世帯主の稼得所得と世帯員の稼得所得を比較すれば、当然の結果ではある。世帯員の状況をみると表2-3とは異なる特徴が明らかになる。有業世帯員数、世帯員一人あたり稼得所得共に、世帯の年収階級が増えるほど大きくなるということである。有業世帯員数と世帯収入とが相関するのはある意味当然であるが、世帯員一人あたりの稼得所得も増えている。このことは表2-3の結果と比較すれば、不思議である。なぜなら、世帯主の年収と世帯員の平均的稼得所得は余り関係が無かったからである。表2-4では先に述べたように、依然として世帯家計にとって平均的には世帯主のしめる影響が大きいことが確認された一方で、他方、世帯の収入が多ければ、世帯員もまた高額の稼得所得を得ている、ということを示すのである。あわせて考えるならば、世帯主の補助的役割としての世帯員では稼得所得に差がないものの、高い稼得所得を得る者で世帯が構成され、そのうちの第1位が世帯主になっている世帯が一定の割合で存在し、この世帯の相当部分は世帯主年収別では現れないということが影響していることが推認できる。

　世帯合計稼得所得の12倍で年稼得所得を計算し、世帯年収と比較した場合については、高所得階級になるほど把握されない部分が多くなるという点は共通である

が、低所得層ではほとんど一致し、200万円以下では年収の方が少なくなるという結果が出た。100%に近づくというだけであれば、賞与がほとんど出ない仕事に就いていることで説明可能であるが、本来、生活保護世帯なども含む最低層では、移転所得を含む年収の方が多くならなければならず、途中から年間収入に占める比率は下がらなければならないはずであるから、通常あり得ない結果である。

　可能性としてあり得るのは、第一に、低所得層では所得についての記録や記憶が曖昧であり、過去の年収の曖昧な記憶で低めに回答していること、第二に、家計簿調査に協力する余裕がある世帯は時間的精神的余裕があることが考えられ、調査期間中に収入が増えたか維持された世帯が最終的に残り、逆に言えば、過去の収入は調査時より低かったということである。

4．収入階級別特徴

　以上の枠組みを元に、年間の稼得所得（「仕事からの収入」）を推計したのが表2-5と表2-6である。表2-5は表2-3で示した世帯主の収入階級別の結果に基づくものであり、表2-6は表2-4で示した世帯の収入階級別の結果に基づくものである。

　計算方法では、奇数系列（「仕事からの収入(1)、(3)」）の方法は、先に計算した月単位での「仕事からの収入」の世帯主、世帯員の合計金額と月単位での経常収入の比をとり、これに世帯の年間収入をかけて、世帯の稼得年収の推計値を求め、ここから月間の世帯員の収入合計を12倍して求めた年間の世帯員の収入合計を引いて、世帯主の推計所得としている。

　計算方法の偶数系列（「仕事からの収入(2)、(4)」）では、移転所得等の「他の経常収入」項目の月額を12倍してその年額を求め、世帯年収からこれを引いて世帯の稼得年収推計額とし、これを世帯主と世帯員の月々の稼得所得比率に案分する方法で年間の稼得所得を計算する。

　奇数系列（「仕事からの収入(1)、(3)」）の方法は、第一に、年間を通じて仕事からの収入とそれ以外の収入の比率がおおむね変わらないこと、第二に、世帯主以外の世帯員の稼得所得についてはボーナス等の季節変動を考えないということを前提している。これに対し、偶数系列（「仕事からの収入(2)、(4)」）では、稼得所得は季節変動があるのに対し、その他の所得はおおむね一定であるとし、他方、世帯主

表 2-5 世帯主年収階級別仕事からの収入推計額

世帯主の年間収入（千円）	世帯の年間収入（千円）	世帯主「仕事からの」世帯主収入	世帯員 世帯員の収入合計	世帯 世帯の「仕事からの」収入	世帯 他の経常収入	世帯 経常収入	仕事からの収入/経常収入	仕事からの収入 (1) 稼得年収推定額（千円）	仕事からの収入 (1) 世帯主稼得所得推定額 (1)	他の経常収入年合計（千円）	仕事からの収入 (2) 稼得年収推定額（千円）	仕事からの収入 (2) 世帯主稼得所得比率	仕事からの収入 (2) 世帯主稼得所得推定額 (2)
平　　　均	7,401	387,471	81,492	468,963	21,985	490,947	95.52%	7,070	6,092	264	7,137	82.62%	5,841
200 未満	2,969	134,270	74,588	208,858	28,353	237,210	88.05%	2,614	1,719	340	2,629	64.29%	1,681
200〜250	3,729	186,756	78,103	264,859	22,584	287,443	92.14%	3,436	2,499	271	3,458	70.51%	2,423
250〜300	4,174	211,324	77,955	289,279	25,918	315,196	91.78%	3,831	2,895	311	3,863	73.05%	2,798
300〜350	4,740	246,815	83,132	329,947	26,344	356,290	92.61%	4,390	3,392	316	4,424	74.80%	3,284
350〜400	5,154	274,599	78,925	353,524	27,647	381,172	92.75%	4,780	3,833	332	4,822	77.67%	3,713
400〜450	5,567	305,443	76,845	382,288	23,969	406,257	94.10%	5,239	4,316	288	5,279	79.90%	4,186
450〜500	6,091	331,934	78,718	410,652	22,998	433,651	94.70%	5,768	4,823	276	5,815	80.83%	4,662
500〜550	6,613	362,100	80,015	442,115	20,834	462,949	95.50%	6,315	5,355	250	6,363	81.90%	5,172
550〜600	7,247	386,853	80,253	467,106	22,836	489,942	95.34%	6,909	5,946	274	6,973	82.82%	5,722
600〜650	7,645	412,569	79,675	492,244	21,578	513,821	95.80%	7,324	6,368	259	7,386	83.81%	6,138
650〜700	8,349	439,178	86,944	526,122	19,720	545,842	96.39%	8,047	7,004	237	8,112	83.47%	6,718
700〜750	8,842	466,365	91,117	557,482	16,903	574,384	97.06%	8,582	7,488	203	8,639	83.66%	7,179
750〜800	9,501	485,825	96,332	582,157	18,534	600,691	96.91%	9,208	8,052	222	9,279	83.45%	7,684
800〜900	10,221	520,269	101,186	621,455	17,109	638,564	97.32%	9,947	8,733	205	10,016	83.72%	8,328
900〜1000	11,169	575,061	90,198	665,259	13,341	678,601	98.03%	10,949	9,867	160	11,009	86.44%	9,465
1000〜1250	12,339	645,066	74,551	719,617	18,973	738,590	97.43%	12,022	11,127	228	12,111	89.64%	10,777
1250〜1500	14,815	782,981	58,680	841,661	29,500	871,161	96.61%	14,313	13,609	354	14,461	93.03%	13,315
1500〜2000	18,075	916,154	52,867	969,021	37,608	1,006,629	96.26%	17,400	16,765	451	17,624	94.54%	16,450
2000 以上	26,454	1,023,150	96,875	1,120,025	45,088	1,165,113	96.13%	25,430	24,268	541	25,913	91.35%	23,231

(注) 階級区分の単位は万円。特に断りがない場合、収入は月額（円）。
(出所)「全国消費実態調査 平成 16 年」より作成。

表 2-6 世帯の年間収入階級別収入項目

	年間収入(千円)	世帯主「仕事からの」世帯主収入	世帯員 世帯員収入合計	世帯 世帯の「仕事からの」収入	他の経常収入	経常収入	仕事からの収入(3) 仕事からの収入／経常収入	稼得年収推定額(千円)	世帯主稼得所得推定額(3)	仕事からの収入(4) 他の経常収入年合計(千円)	稼得年収推定額(千円)	世帯主稼得所得比率	世帯主稼得所得推定額(4)
平　均	7,401	387,471	81,492	468,963	21,985	490,947	95.52%	7,070	6,092	264	7,137	82.62%	5,897
200 未満	1,436	124,529	12,572	137,101	18,201	155,302	88.28%	1,268	1,117	218	1,218	90.83%	1,106
200～250	2,238	170,957	14,479	185,436	20,853	206,289	89.89%	2,012	1,838	250	1,988	92.19%	1,833
250～300	2,730	189,918	21,998	211,916	19,211	231,128	91.69%	2,503	2,239	231	2,499	89.62%	2,240
300～350	3,235	227,257	24,620	251,877	19,147	271,024	92.94%	3,006	2,711	230	3,005	90.23%	2,711
350～400	3,733	249,875	27,525	277,400	19,480	296,880	93.44%	3,488	3,158	234	3,499	90.08%	3,152
400～450	4,220	275,498	34,264	309,762	20,488	330,251	93.80%	3,958	3,547	246	3,974	88.94%	3,535
450～500	4,724	294,356	38,788	333,144	21,528	354,671	93.93%	4,437	3,972	258	4,466	88.36%	3,946
500～550	5,219	321,849	38,953	360,802	21,049	381,851	94.49%	4,931	4,464	253	4,966	89.20%	4,430
550～600	5,723	339,313	51,069	390,382	21,240	411,621	94.84%	5,428	4,815	255	5,468	86.92%	4,753
600～650	6,205	362,935	51,480	414,415	21,108	435,522	95.15%	5,904	5,287	253	5,952	87.58%	5,212
650～700	6,720	375,294	59,790	435,084	23,653	458,737	94.84%	6,374	5,656	284	6,436	86.26%	5,552
700～750	7,196	408,468	60,728	469,196	17,197	486,393	96.46%	6,942	6,213	206	6,990	87.06%	6,085
750～800	7,711	418,279	72,170	490,449	20,252	510,701	96.03%	7,405	6,539	243	7,468	85.28%	6,369
800～900	8,439	445,225	81,114	526,339	20,332	546,671	96.28%	8,125	7,152	244	8,195	84.59%	6,932
900～1000	9,448	478,092	98,792	576,884	20,968	597,852	96.49%	9,117	7,931	252	9,196	82.87%	7,621
1000～1250	11,034	514,633	147,507	662,140	25,594	687,733	96.28%	10,623	8,853	307	10,727	77.72%	8,337
1250～1500	13,559	555,920	224,390	780,310	27,530	807,840	96.59%	13,097	10,404	330	13,229	71.24%	9,425
1500～2000	16,730	611,231	299,805	911,036	34,088	945,124	96.39%	16,127	12,529	409	16,321	67.09%	10,950
2000 以上	24,089	811,516	311,354	1,122,870	44,433	1,167,302	96.19%	23,172	19,436	533	23,556	72.27%	17,024

(注) 階級区分の単位は万円。特に断りがない場合、収入は月額 (円)。
(出所) 「全国消費実態調査 平成16年」より作成。

と世帯主以外の世帯員との寄与度合いについては同等であるとみなして、収入水準が異なるだけで世帯主以外の世帯員もボーナス等を受け取ると想定していることになる。

以上の計算方法はいずれも仮定付きであるが、極端に不合理な方法とは言えない。また、計算結果をみても、世帯主の稼得所得だけで世帯の収入区間を上回るといった不整合は起きていない。

そこで、計算結果に即してその性質を考察しよう。図2-2は4つの方法を重ねて、世帯収入と世帯主の稼得所得との関係を原数値で散布図に書いたものである。これをみると、計算方法の違いに起因する奇数系列（「仕事からの収入(1)、(3)」）と偶数系列（「仕事からの収入(2)、(4)」）の違いもさることながら、世帯主収入階級区分表をもとにした（1）、（2）の方法か、世帯収入階級区分表をもとにした（3）、（4）の方法かの違いも大きいように思われる。

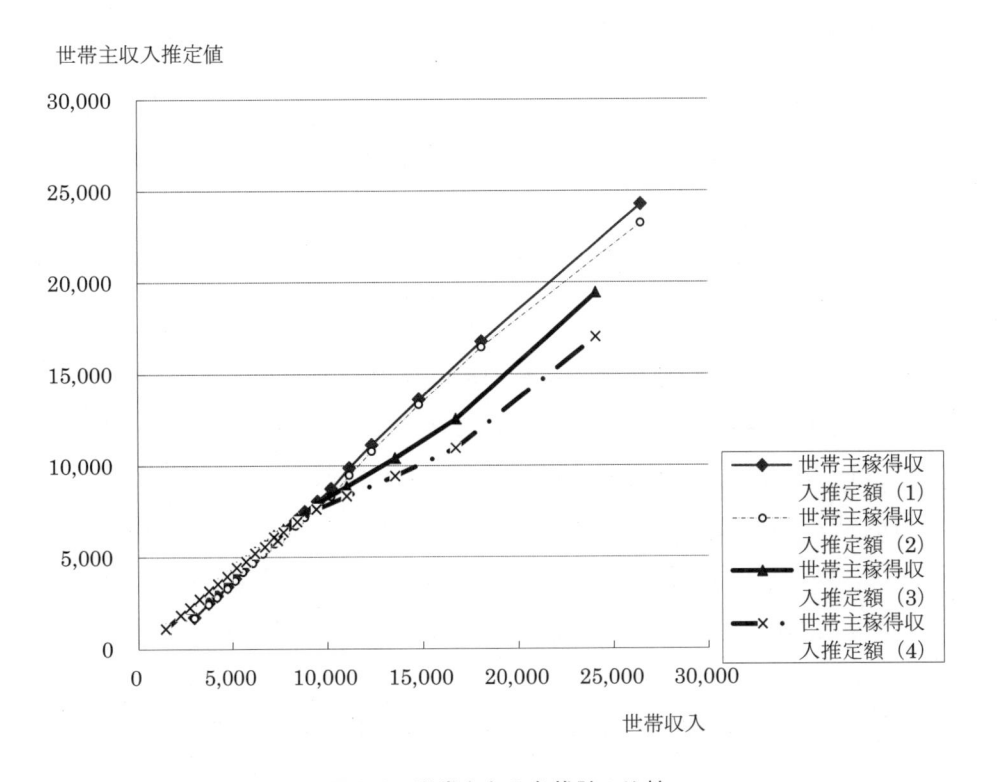

図2-2　世帯主収入各推計の比較

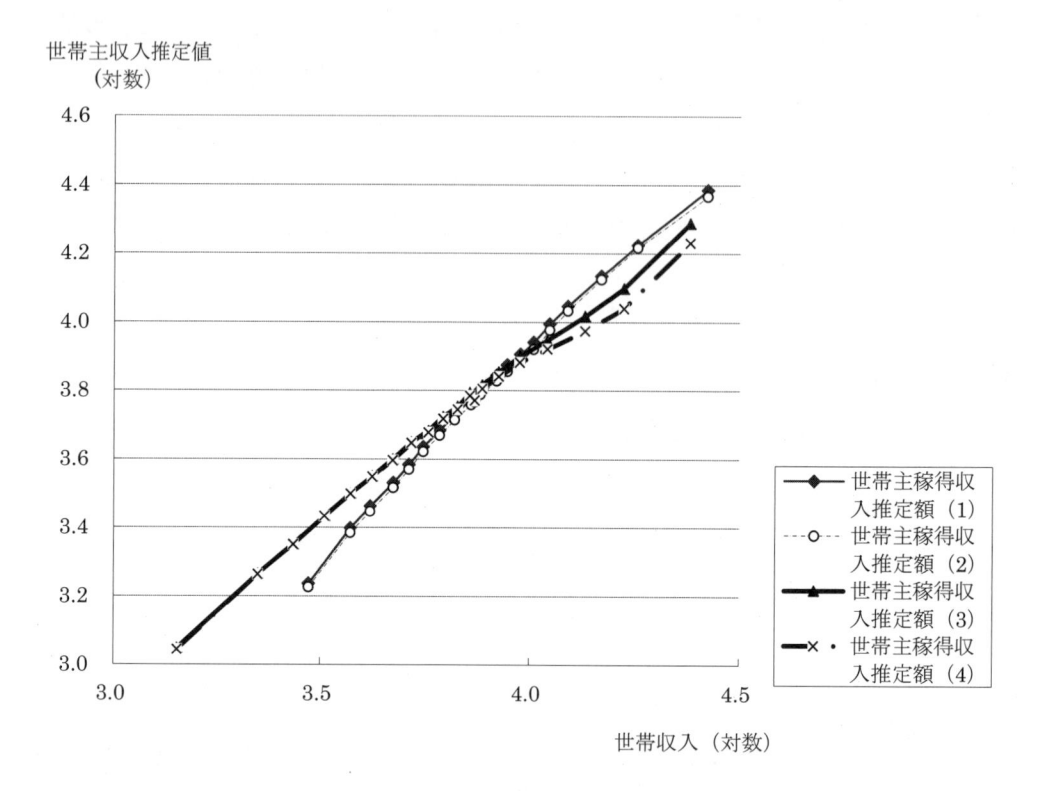

図2-3 世帯主収入各推計の比較（対数）

　低所得層での違いをよりわかりやすく示すため、両対数グラフとしたのが図 2-3 である。世帯主収入階級別表をもとにした（1）、（2）の場合、低所得層で世帯主の稼得所得が低いことがわかる。また、世帯収入階級別表をもとにした（3）、（4）の場合、高所得層で世帯主の稼得所得が相対的に低いことがわかる。

　このことは前節の考察結果に含まれていた含意であった。すなわち、世帯主収入階級別表では、階級をまたいで世帯員の就業率も平均収入もさほど差がなく、移転所得は低所得層で多いことがわかっていた。ここから世帯主の収入が低ければ、世帯収入の中で世帯主の稼得所得が占める割合が下がるのは帰結される。

　また、世帯収入階級別表を元に考えると、高所得層では世帯員での中での就業者数のみならずその一人あたりの稼得所得も大きかった。また、世帯主、世帯員を足しての月あたりの稼得所得から確実に把握できる年稼得所得が年収に占める割合は高所得層ほど低くなる。（3）、（4）の場合はそれを表していたのである。

表 2-7　単身者勤労世帯の年間収入階級別稼得所得推計

		（1万分比）	年間収入（千円）	経常収入	稼得収入	他の経常収入	仕事からの収入/経常収入	世帯主の稼得年収推定値
	平　　均	10000	4,244	303,532	293,562	9,971	96.72%	4,104,599
年間収入階級（万円）	100 未満	192	728	93,858	89,199	4,659	95.04%	691,863
	100 〜 150	409	1,288	145,062	139,482	5,580	96.15%	1,238,455
	150 〜 200	577	1,731	165,664	152,491	13,172	92.05%	1,593,357
	200 〜 250	825	2,235	191,476	177,724	13,752	92.82%	2,074,480
	250 〜 300	984	2,723	228,590	211,091	17,499	92.34%	2,514,549
	300 〜 350	1225	3,199	250,022	230,713	19,309	92.28%	2,951,944
	350 〜 400	1038	3,702	271,394	263,022	8,371	96.92%	3,587,800
	400 〜 500	1798	4,414	319,224	311,311	7,913	97.52%	4,304,585
	500 〜 600	1102	5,434	375,805	368,733	7,071	98.12%	5,331,742
	600 以上	1850	7,872	488,382	485,139	3,243	99.34%	7,819,728

(注) 階級区分の単位は万円。特に断りがない場合、収入は月額（円）。
(出所) 「全国消費実態調査　平成16年」より作成。

現実には両方の作用があると考えられる。つまり、ある方向への集計によって、データからみえなくなる性質があり、両方をあわせて考えれば実際には、低所得層と高所得層の双方で世帯主の稼得所得が総年収に占める比率は低くなっていると考えるのが自然であろう。

単身者については世帯員がいないので、容易にまとめることができ、表2-7のようになる。その他の世帯員の稼得所得については全国消費実態調査では直接集計したものはなく、平均がわかるだけである。また、勤労者か否かの区別も世帯主にのみつけられている。そこでその他の世帯員に分類されるもののうち勤労者の数、および平均的な収入が問題になる。

5．統計比較の中での勤労者数

全国消費実態調査の標本抽出率調整後標本数から種類別世帯数と標本世帯員、またそこから雇用者数を求めたのが表2-8である。

表2-8 全国消費実態調査における世帯数・世帯員分布

二人以上世帯	抽出率調整後世帯数	構成比	1世帯あたり有業世帯員	調整済み有業者数	推計非世帯主雇用者標本数
全世帯	845,599	100.00%	0.49	414,344	349,067
勤労者世帯	495,672	58.62%	0.70	346,970	292,308
（差：勤労者世帯以外）	349,927	41.38%	0.19	67,373	56,759
単身世帯					
全世帯	330,959	100.00%			
勤労者世帯	170,565	51.54%			
（差：勤労者世帯以外）	160,394	48.46%			

（出所）「全国消費実態調査 平成16年」「労働力調査 平成19年」より作成。

表2-9 雇用者の構成（推計）

		抽出率調整後有業者数	推計雇用者標本数	構成比
勤労者世帯	二人以上世帯世帯主	495,672	495,672	48.82%
	単身世帯世帯主	170,565	170,565	16.80%
	二人以上世帯世帯員	346,970	292,308	28.79%
非勤労者世帯	世帯員	67,373	56,759	5.59%
合計		1,080,581	1,015,304	100.00%
再掲	世帯主	666,237	666,237	65.62%
	その他の世帯員	414,344	349,067	34.38%

（出所）「全国消費実態調査 平成16年」「労働力調査 平成19年」より作成。

　ここで雇用者(役員を除く。以下同じ)数の計算には、従業者のうち役員を除く雇用者の比率が、世帯主以外のものにあっては84％と計算される労働力調査2007年の結果を用いた。本来は勤労者世帯とそれ以外の世帯に分けて計算できればより正確になったが、データを得られなかった。1世帯あたりの有業者数は全世帯および勤労者世帯について公表されているので、逆算して有業世帯員を計算することができ、ここから差で勤労世帯以外の世帯における有業者を計算し、上記の率を乗じて雇用者数とした。

　ここから雇用者数ベースで計算し直して、世帯の種類および世帯主との続柄別の構成を示したのが表2-9である。これを労働力調査（表2-10）と比較すれば、全国消費実態調査では世帯主以外の世帯員の比率が極端に低いことがわかる。

　この原因としては、世帯員の就業状況がわからないため、全世帯での平均的な雇用者比率を利用したことが影響している可能性がある。そこで確実にわかることとして、全国消費実態調査の抽出名簿のもとになったはずの2000年国勢調査と世帯

表 2-10　従業上の地位と世帯主との続柄

	実数	構成比
総　　数	5,509	100.00%
世帯の種類、世帯主との続き柄		
一般世帯	4,922	89.34%
うち世帯主	2,164	39.28%
世帯主以外合計	2,758	50.06%
単身世帯	587	10.66%

（出所）「労働力調査　平成19年」より作成。

表 2-11　世帯区分別構成

1.全消調整済み標本数

	二人以上世帯	単身世帯	全世帯
全世帯	845,599	330,959	1,176,558
勤労者世帯	495,672	170,565	666,237
（差：勤労者世帯以外）	349,927	160,394	510,321

3.参考）国調2000

	A親族世帯	C単独世帯	計
一般世帯	33,679,286	12,911,318	46,590,604
賃金・給料がおもな世帯	22,766,281	6,618,385	29,384,666
（差：：それ以外の世帯）	10,913,005	6,292,933	17,205,938

2.構成比（同時分布）

	二人以上世帯	単身世帯	全世帯
全世帯	71.87%	28.13%	100.00%
勤労者世帯	42.13%	14.50%	56.63%
（差：勤労者世帯以外）	29.74%	13.63%	43.37%

4.構成比（同時分布）

	A親族世帯	C単独世帯	計
全世帯	72.29%	27.71%	100.00%
賃金・給料がおもな世帯	48.86%	14.21%	63.07%
（差：：それ以外の世帯）	23.42%	13.51%	36.93%

（出所）「国勢調査　平成12年調査」「全国消費実態調査　平成16年」より作成。

の種類の比較を行ってみよう。

　結果は表2-11-1～2-11-4の4つの表にまとめた。絶対数は意味がないので、構成比をみると、全国消費実態調査では特に二人以上世帯で勤労者世帯が少なくなっていることがわかる。表2-8でみたように、世帯員就業者が勤労者世帯で多く、その割合で雇用者も増えるはずだから、世帯員の雇用者の過小推定の要因ではある。こうなったのには調査過程での協力の得られやすさなどが影響している可能性はある。

　しかし、これだけで差を説明することはできない。表2-9と表2-10ほどの差が生まれるためには、どうしても単に就業率だけでなく、雇用者である比率が勤労者世帯で高いと考えなければ説明できない。

6．小括

本稿で明らかになったのは以下のことである。

収入階級別に分析すると、世帯主の年収と世帯の有業世帯員数や有業世帯員一人あたり稼得所得の関係は薄い一方、世帯年収と世帯の有業世帯員数や有業世帯員一人あたり稼得所得には正の相関がある。これは、比較的安定した稼得所得を得る者で構成されている世帯が一定程度存在することを示唆している。

また、月額の「仕事からの収入」から推計できる年収の割合は、年収階級別に大きく異なっており、賞与などの臨時所得の占める割合の大きさを示唆する。貧困層で月額の「仕事からの収入」から推計できる年収が調査年収を下回ってしまうことについてはいくつか原因が考えられるが、なお検討が必要である。

全国消費実態調査では就業者数について、世帯員以外の就業状態や従業上の地位について不可解な点があり、前提をおいた試算で他の統計と比較する作業をなお進めるとともに、最終的には世帯員についての追加的な情報を得ることが必要であり、「ミクロデータ」を利用することは有効であろう。これについては今後の課題である。

参考文献

[1] 藤井輝明（2011a）「全国消費実態調査における勤労者世帯の個人収入と労働力調査における仕事からの収入」,『経営研究』, 第 62 巻, 第 2 号, pp.127-138.

[2] 藤井輝明（2011b）「被雇用者世帯所得と個人所得：複数統計概念の整合性と利用可能性」, OCU-GSB Working Paper No. 201104。

[3] 米澤香・金子治平(2007)「統計調査別の所得分布について」,『統計学』, 第 93 号, pp.20-34.

[4] Lambert, P. T. (2001) *The Distribution and Redistribution of Income (Third Edition)*, Manchester.

第3章　ワーキングプアの日米英加比較

1．はじめに

　働きながらも所得が最低生活基準にとどかない層であるワーキングプアは、近年、先進諸国に共通してみられる。先進諸国の間では、ワーキングプア問題に対する対策が、労働市場政策上、貧困政策上、重要な政策マターであるといってよいだろう。ただし、日本においては、生活保護に関する統計以外の貧困統計が無く、よって、ワーキングプアの規模についてさえ分かっていない[1]。

　本稿の目的は、統一的な定義・基準のもと、先進諸国のワーキングプアを推計し、各国のワーキングプアを国際比較し、比較の中から、日本の労働市場の特殊性を明らかにすることである。

　本稿の目的のために、第1に、ワーキングプアの国際比較を行う上での比較対象国として、イギリス、カナダ、アメリカを選択した。これは、後に詳述するが、本稿のワーキングプアの定義上、集計データからワーキングプアを推計することが困難であるため、マイクロ・データを提供している国を比較対象国として選択したからである。第2に、統一的なワーキングプアの定義を設定し、各国のデータならびに最低生活基準の検討の上、それを当てはめて各国のワーキングプアを推計した。そして最後に、各国のワーキングプアに共通する特徴ならびに異なる特徴を明らかにした。

　以下では、第1に、ワーキングプアの統一的な定義と推計方法について述べ、第2に、各国のマイクロ・データの検討について述べる。第3に、各国の最低生活基準について、制度的側面と統計的側面から検討した結果について述べる。そして第4に、各国のワーキングプアの推計ならびに比較結果について述べる。最後に、ワーキングプアの国際比較における限界を述べることとする。

---

[1] 生活保護世帯の「非稼働化」については、岩田(2005)を参照。

２．ワーキングプアの定義と推計方法

　各国のワーキングプアの推計のために利用するデータ、ならびに、最低生活基準の検討の前に本稿で用いるワーキングプアの推計方法について述べる。本稿では、ワーキングプアの定義を「通常(3ヶ月以上)労働市場で活動(就業・求職活動)したが貧困世帯に属する個人(学生を除く)」と定義する。この定義は、Bureau of Labor Statistics（以下 BLS と略記する）によって提起された定義に準拠したものである[2]。この定義によるワーキングプアの規模を推計するために、第1に、各世帯の世帯所得と最低生活水準を比較し、貧困世帯を特定する。第2に、貧困世帯に属する学生を除く。そして最後に、3ヶ月以上労働市場で活動する層を抽出する[3]。このような推計方法であるため、集計データによる推計は困難であり、マイクロ・データの利用は欠かせない。上述の方法をフローにしたのが図3-1である。

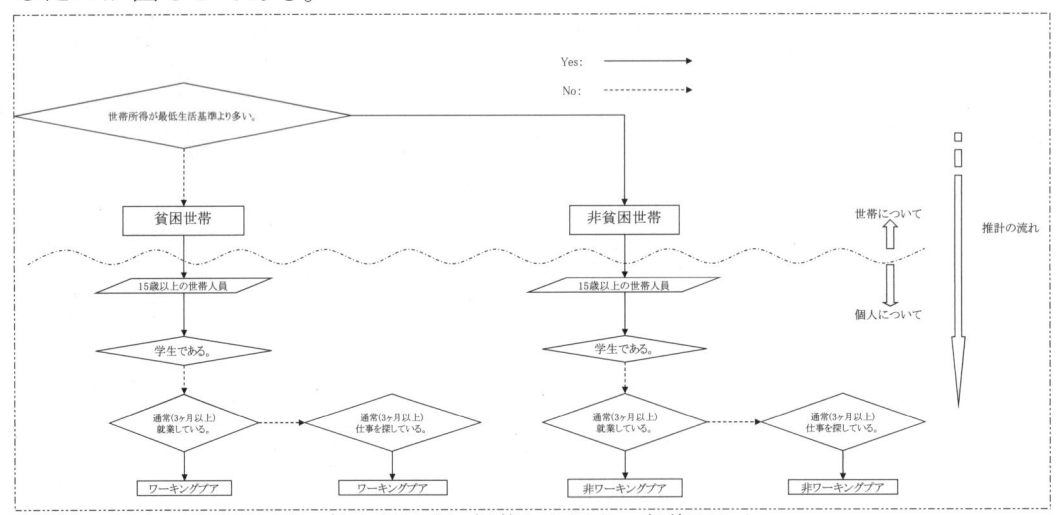

図 3-1　ワーキングプアの推計方法フロー

（出所）村上・岩井(2010)，村上(2011)に掲載した図を一部修正した。

---

[2] Klein, B.W., Rones, P. L.(1989)によって提起された定義をもとに毎年 BLS はワーキングプアのレポートを発表している。なお、BLS のワーキングプア定義は「6ヶ月以上労働市場で活動したが貧困世帯に属する個人」である。
[3] 推計方法の詳細は、岩井・村上(2007a)(2007b)(2007c)、村上・岩井(2010)を参照されたい。

上記の統一的な定義と推計方法によって、各国のワーキングプアを推計し比較分析する。以下では、第1に、ワーキングプアの推計に利用する各国のデータの検討について述べ、第2に、各国の最低生活基準について述べる。そして、第3に推計結果を提示し、各国のワーキングプアの特徴を比較分析する。

3．各国の利用データの検討

本稿のワーキングプアの推計方法は、世帯所得と最低生活水準を比較して貧困世帯を決定し、その分類結果を、貧困世帯に属する個々人のレベルにまで分割するものであるため、集計データでの推計は困難であり、マイクロ・データの利用が欠かせない。また、利用するデータに、個人の労働市場での活動はもちろんのこと、世帯所得、労働市場で活動した時間(労働時間、就業日数、失業期間)に関する情報が組み込まれている必要がある。これらの情報が各国のデータに含まれているか否かという点を中心に、統計を検討した。

3－1．日本

先に述べたとおり、本稿のワーキングプアの推計方法においては、マイクロ・データの利用が欠かせない。現在では、『労働力調査』(基礎調査票の月次データ)のオーダーメイド集計が独立行政法人統計センターで行われているが、日本のワーキングプアの推計を行う当時、これらの利用は不可能であった。また、『労働力調査』(基礎調査票)においては、世帯所得はもちろんのこと個人所得に関してさえ調査項目がない。よって、『労働力調査』(基礎調査票)を本稿のワーキングプアの推計方法に当てはめるのは困難である。『労働力調査』(特定調査票、旧『労働力調査特別調査』)には、就業者であれば、前職の離職時期、失業者であれば失業期間が調査項目として備わっている。加えて、収入に関する項目が『労働力調査』(特定調査票)にはある。ただし、マイクロ・データは提供されていない。よって『労働力調査』を利用してワーキングプアの推計を行わず、『就業構造基本調査』を用いることとした。『就業構造基本調査』には、有業者であれば、1年間の就業日数に関する項目があり、就業状態も調査され

ている。無業者であれば、仕事を探しているあるいは開業の準備をしている期間についての調査項目がある。すなわち、労働市場での活動状態と活動期間に関する変数が備わっていることとなる。加えて、世帯全体の年間収入(世帯所得)も調査されている[4]。よって、本稿でのワーキングプアの推計方法を当てはめることが可能なデータとなっている。さらに、マイクロ・データが提供されているため[5]、『就業構造基本調査』を日本のワーキングプアの推計に用いることとした。

3-2. イギリス[6]

　労働市場での活動に関する情報が必要であるので、はじめにイギリスの労働力調査(Labour Force Survey、以下 LFS と記す)を検討した。LFS には ILO 定義の労働力人口、雇用・失業等の情報があり、労働市場での活動については十分な情報が得られる。しかしながら、所得に関しては、いくつかの情報はあるものの、先に述べたワーキングプアの推計方法を当てはめるには不十分なものとなっている。年当たり、週当たり、時間当たりの個人所得(賃金)〔annual income(pay), weekly pay, hourly pay(rate)〕が LFS にはある。これらを合算すれば世帯所得を求めることが出来る。しかしながら、被雇用者、政府計画従事者(government scheme)以外の所得(賃金)は分からない。個人所得について、自営業者(self-employment)のそれは省かれている[7]。
　このような状況を鑑みると、イギリスのワーキングプアの推計において LFS を用いることは困難である。そこで、他のデータを検討した。検討したのは、一般世帯調査(General Household Survey、以下 GHS と記す)である。表3-1にあるように GHS には労働市場での活動状態に関する情報が含まれており、

---

[4] ただし、調査票では、実額を記入するのではなく、所得階級を選択する形になっている。
[5] 本稿の日本のワーキングプアの推計結果は、一橋大学経済研究所附属社会科学統計情報研究センターで提供している『就業構造基本調査』(1992・1997・2002年)の秘匿処理済ミクロデータによる「日本のワーキング・プアの推計」(申請者:岩井浩、共同利用者:村上雅俊)の成果をもとにしている。
[6] イギリスのワーキングプアの推計に関しては、村上・岩井(2009)に加筆修正したものである。
[7] 例えば Office of National Statistics Website にある LFS の所得の説明[http://www.statistics.gov.uk/downloads/theme_labour/LFSUG_Vol3.pdf]を参照。

労働市場での活動期間に関する情報も含まれている。また、表 3-2 にあるように世帯所得がある。

表 3-1　GHS に含まれている労働市場での活動と活動期間に関する情報

* ILO employment - 4 categories
* ILO employment - 3 categories
* Month start continuous self employment
* Length of time self employment
* Length of time looking for work
* Occupational classification now or later
* Number of employees at workplace
* Number of employees (SE)
* Work full or part time work
* Time in current job
* Time in current job grouped

(出所) ESDS General Household Survey Website より作成。

表 3-2　GHS に含まれている世帯所得の種類

* Gross weekly household income (pence)
* Net weekly household income (pence)
* Equivalised scale of household
* Gross weekly household income (Pounds) grouped
* Net weekly household income (Pounds) grouped
* Equivalised gross household income
* Equivalised NET household income
* Household net weekly income (harmonised)
* Gross weekly household income

(出所) ESDS General Household Survey Website より作成。

GHS は、多目的継続調査(multi-purpose continuous survey)と位置づけられ、イギリスの様々な機関がスポンサーとなって行われている調査である。労働市場での活動、世帯状況以外にも、様々な事項が調査されている。調査されている事項として、世帯情報、住宅所有、耐久消費財保有、雇用、教育、健康、喫煙・飲酒、婚姻・同棲、出産、所得、移民等がある[8]。調査法が対面調査法(Face to Face Interview)であるため、サンプルサイズ(13,316, 2006 年)は小さく、回答率(72%, 2006 年)も低い。ただし、本稿で用いるワーキングプアの推計方法が必要とする情報は得られる。よって、イギリスのワーキングプア推計に

---

[8] Office of National Statistics Website [http://www.statistics.gov.uk/ssd/surveys/general_household_survey.asp]を参照。

GHSデータを用いることとする[9]。

3-3. カナダ[10]

　先に述べたように、本稿のワーキングプアの定義に従う場合、その推計に必要となる変数は、①世帯所得、②個人の労働市場での活動状態(就業、失業)、③個人の労働市場での活動期間(就業日数、就業時間)である。そして、それらが互いにリンクしていなければならない。カナダにおいても集計データを用いた推計は困難であろう。これらの変数を備えたデータとしてどういった調査があるかをメタデータレベルで検討し、利用するデータの選定を行い、カナダ統計局にマイクロ・データの利用を申請した。

　労働市場での活動状態が対象となるので、まず、カナダの労働力調査(Labour Force Survey, 以下LFSと略記する)を検討した。先に述べたイギリスのLFSと同様に、カナダのLFSにもILO定義の労働力人口、雇用・失業等の情報があり、労働市場での活動については十分な情報が得られる。しかしながら、これもイギリスのLFSと同様に、所得に関してはいくつかの情報はあるものの、本稿のワーキングプアの推計方法を当てはめるには不十分なものとなっている。Statistics Canada(2008)によると、カナダのLFSに賃金およびサラリーに関する調査項目が取り入れられたのは、1997年であり、1週間当たりの労働時間との組み合わせによって、週当たり、時間当たりの賃金ならびにサラリーが導出され、それが変数として備わっている[11]。これらを合算して世帯所得とすることは可能ではあるものの、その方法の適用は、被雇用者の賃金ならびにサラリー以外の所得が捉えられておらず、自営業者の所得に関しては省かれているデータでは限界のあるものである。このため、例えば、次のような組み合わせの世帯人員が労働力人口として存在するとき、当該世帯が貧困であるか否かを

---

[9] ただし、本稿で用いるワーキングプア推計に対してより最適なデータ(同じような情報が含まれており、回答率が高い、サンプルサイズが大きい)があるかもしれない。GHSは様々な情報のある調査であるがサンプルサイズが小さく、回答率が低い。また、後にも述べることであるが、2002年データまでは復元倍率が用意されていない。他の調査の検討については今後の課題となっている。
[10] カナダのワーキングプアの推計に関しては、村上(2011)に大幅に加筆した。
[11] Statistics Canada(2008), p.18を参照。

判別できなくなる。それは、すなわち、被雇用者と自営業主、自営業主と失業者などである。

　よって、他の調査を検討することとした。先に述べたように、ワーキングプアの推計に必要となる変数は、①世帯所得、②個人の労働市場での活動状態(就業、失業)、③個人の労働市場での活動期間(就業日数、就業時間)である。これらの変数が備わっている調査として Survey of Labour and Income Dynamics（以下 SLID と略記する)がある。SLID は、同一個体を追跡して調査するパネルデータでもある。サンプルサイズは、パネル当たり 17,000 世帯となっている。

　表 3-3 にあるように、SLID には、①の世帯所得が変数として備えられている。所得項目は LFS よりも多岐にわたり、賃金、サラリーに加え、自営業所得、投資所得、退職年金、種々の政府移転、税に関する項目がある。次にワーキングプアの推計に必要である項目として、②の個人の労働市場での活動状態について検討した。SLID には、個人の労働市場での活動状態に関する変数が備わっている。SLID はパネルデータであるため、現在の状態を静的に捉える LFS よりも、労働市場での活動状態に関する情報量が多いことが特徴である。伍賀(2009)の言う、「流動化するワーキングプア」をも、一定程度ではあるものの、捉えることを可能にする[12]。

　そして最後に、ワーキングプアの推計に必要な変数である③の個人の労働市場での活動期間が SLID にはある。労働市場での活動期間も変数として備わっており、それは所得項目と同様に、多岐にわたっている。雇用された期間、非労働力であった期間、失業していた期間などが変数として備えられている。

　以上の特性を鑑みて、本稿では、カナダのワーキングプア推計のために、SLID のマイクロ・データを利用する。

---

[12] ただし、伍賀(2009)の言う、「地域を越えて流動する短期雇用の労働者や一定の住まいを持たずに派遣会社の寮を生活拠点としながら就業と失業を繰り返す」層を把握することは SLID が世帯調査であるため、不可能であると考える。Ibid., p.39 より引用。

表 3-3　SLID に備わっている変数

①世帯所得に関する変数	
・Household Total - Adjusted after-tax income	・Market income LIM gap for reference year
・Household Total - Adjusted government transfers	・Ratio after tax income to LIM
・Household Total - Adjusted income tax	・Ratio of before tax income to LIM
・Household Total - Adjusted market income	・Ratio market income to LIM
・Household Total - Adjusted total income before taxes	・Disposable income for Market Basket Measure (MBM)
・Support payments received	・Direct medical expenses
・Support payments paid	・Market income
・atinc25 -- After-tax income	・Non-farm self-employment net income
・Taxable capital gains	・Non-taxable government transfers
・Child care expenses	・Old Age Security pension
・Child Benefits	・Total of Old Age Security benefits
・Canada Child Tax Benefit (CCTB)	・Other government transfers
・Total of federal child benefits (CCTB, WIS, NCBS)	・Other Income
・National Child Benefit Supplement (NCBS)	・Other Taxable Income
・Federal Working Income Supplement (WIS)	・Private retirement pensions. Includes pension income splittin
・Federal Working Income Supplement (WIS)	・Deduction for elected split-pension amount.
・Basic provincial CTB, not cond. To empl. Earnings	・Elected split-pension amount.
・Provincial CTB, not part of the NCB Initiative	・Public health insurance premiums
・Provincial CTB that ARE part of National Child Benefit (NCB)	・Private retirement pensions
・Total provincial child benefits	・Provincial income tax
・Provincial CTB prog, based on minimum employment earnings	・Provincial tax credits
・Reductions of benefits as per NCBI, positive amount	・Quebec abatement
・Total federal & provincial child benefits	・Registered pension plan contributions
・Disability benefits included in CPP and QPP	・RRSP withdrawals
・CPP & QPP benefits	・Social Assistance
・Canada & Quebec Pension Plan contributions	・Self-employment net income
・Earnings	・Total capital gains (excludes losses)
・Employment Insurance contributions	・Taxable government transfers
・Federal income tax for Quebec residents	・Total income before taxes with total Capital Gains
・Farm self-employment net income including farm program	・Total income before taxes
・Guaranteed Income Supplement under federal OAS	・Universal child care tax benefit
・Federal GST/HST Credit, excludes provincial sales tax credit	・Union dues (and other professional premiums)
・Government transfers, federal & provincial	・Employment Insurance benefits
・Income tax, federal plus provincial	・Wages & salaries before deductions
・Investment income	・Working Income Tax Benefit
・Taxable investment income	・Workers' compensation benefits
・After-tax LIM	②労働市場での活動状態に関する変数
・After-tax LIM gap for reference year	・Annual labour force status
・Before tax LIM	・Vector for weekly labour force status
・Before tax LIM gap for reference year	③労働市場での活動期間に関する変数
・Flag - after tax income is below LIM	・Total number of weeks employed during refyear
・Flag - before tax income is below LIM	・Total number of weeks not in the labour force during refyear
・Flag - market income is below LIM	・Total number of weeks unemployed during refyear
・Ratio of after tax income to LIM, group	
・Ratio of before tax income to LIM, group	
・Ratio of market income to LIM, group	
・Market income LIM	

(出所) Statistics Canada SLID Website
[http://www.statcan.gc.ca/pub/75f0026x/75f0026x2010000-eng.htm] より作成。

3－4．アメリカ

　ここでは、アメリカのワーキングプア推計に用いるデータについて述べる。アメリカ労働統計局(BLS)は、毎年ワーキングプアの推計結果を発表している。BLS のワーキングプアの定義と本稿のそれが同じであれば、BLS レポートを用いればよいことになる。しかしながら、BLS のワーキングプアの定義と本稿のそれは、労働市場で活動した期間の基準が異なる。BLS のワーキングプア定

義では、労働市場で活動した期間が6ヶ月以上となっているのに対し、本稿の定義では3ヶ月以上となっている。また、BLSのレポートにある統計表の組み替えによって労働市場での活動期間が3ヶ月以上のワーキングプアを抽出することは出来ない。よって、新たに本稿の定義をもとにしたアメリカのワーキングプアの推計を行う必要がある。

これまで BLS は、ワーキングプアの推計を CPS3 月補足調査(Current Population Survey March Supplement，以下CPS3月補足調査と略記する)を用いて行ってきた。本稿においても、他の調査の検討を行わず、CPS3月補足調査を用いる。アメリカのワーキングプアの推計に際しては、ミネソタ人口センター(Minnesota Population Center，以下MPCと略記する。)が提供しているCPSマイクロ・データを用いた。

表 3-4　IPUMS-CPS に備わっている変数の例

①世帯所得	②労働市場での活動状態	③労働市場での活動期間
・Poverty 　NIU 　Below poverty 　Above poverty 　100-124 percent of the low-income level 　125-149 percent of the low-income level 　150 percent and above the low-income level ・Total Household Income ・Total Family Income 他多数	・Class of worker last year 　NIU 　Self-employed 　Self-employed, not incorporated 　Self-employed, incorporated 　Works for wages or salary 　Wage/salary, private 　Wage/salary, government 　Federal government employee 　State government employee 　Local government employee 　Unpaid family worker 　Missing/Unknown ・Worked full or part time last year 　NIU 　Full-time 　Part-time 　Unknown	・Weeks worked last year 　1～52 ・Weeks looked for work last year (didn't work) 　0　Did not look for work/wasn't on layoff 　1～52

表 3-5　IPUMS-CPS の個票数

	世帯	個人
1997年	64,659	131,617
2002年	99,986	216,424

CPSマイクロ・データは、IPUMS-CPS(Integrated Public Use Microdata Series-CPS，以下IPUMS-CPSと略記する。)としてMPCからインターネット経由で提供されている。BLSがワーキングプアの推計に用いていることからも分かるとおり、ワーキングプアの推計に必要な世帯所得、労働市場での活動状態、労働市場での活動期間を備えたデータである。IPUMS-CPSデータに備

わっており、なおかつ本稿のワーキングプア推計に必要な変数の例として、表3-4があげられる。

　本稿の推計で用いたマイクロ・データは、1998年と2003年のもの[13]であり、それぞれの標本の規模は表3-5のようになっている。また、IPUMS-CPSの基本的な特徴として、1962年以降のCPS3月補足調査があり、また、それらを時系列で比較可能にするために各データセットにある各変数のコードの統一あるいは調整が行われている[14]。

4．各国の最低生活基準の検討

4-1．日本

　ここでは、貧困世帯の特定のために用いる日本の最低生活基準について述べることとする。周知の通り、日本の公的扶助制度として生活保護がある。日本では、生活保護に関する統計以外のいわゆる貧困統計は整備されておらず、生活保護基準額以外に提示されている最低生活基準はないと言って良い[15]。

　日本の最低生活基準として、生活保護基準(1級地－1)を用いる。生活保護には、生活扶助をはじめとする各種の扶助に加えて、各種の加算がある。これらを各個票の世帯状況に応じて加え、世帯ごとの最低生活基準を算出することが理想であるが、用いるデータである『就業構造基本調査』から各種の扶助や加算の適用が可能であるかを判断しなければならないという制約を伴う。例えば、生活保護制度にある医療扶助に関しては、疾病に関する情報が用いるデータに無ければ適用は不可能である。

　『就業構造基本調査』より用いることが可能な各種の扶助、加算は、生活扶

---

[13] CPS3月補足調査は毎年3月に実施されているため、過去の労働市場での活動期間などを考慮し、1998年と2003年の調査を用いることとした。
[14] IPUMS-CPSの基本的な特徴については、IPUMS-CPS Website [http://cps.ipums.org/cps/intro.shtml]を参照。
[15] ただし、研究者レベルにおいてはこの限りではない。例えば、中位所得の50～60％の水準を最低生活基準として貧困の規模の推計を行った研究は多々ある。最近では、厚生労働省が『国民生活基礎調査』を用いて、可処分所得の中央値の50％を貧困線として、相対的貧困率を算出し公表している。

助、住宅扶助、教育扶助、母子加算、老齢加算であった。日本の最低生活基準の計算方法は図 3-2 のとおりである。

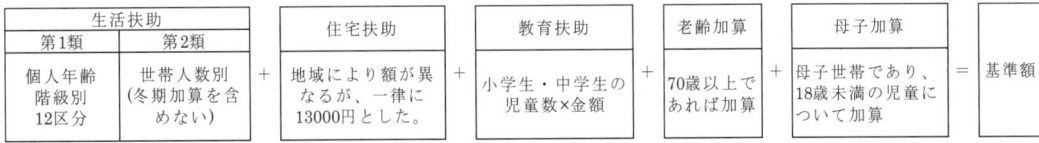

生活扶助		住宅扶助	教育扶助	老齢加算	母子加算	
第1類	第2類					
個人年齢階級別12区分	世帯人数別(冬期加算を含めない)	地域により額が異なるが、一律に13000円とした。	小学生・中学生の児童数×金額	70歳以上であれば加算	母子世帯であり、18歳未満の児童について加算	基準額

(出所)村上・岩井(2010)、村上(2011)より引用。

図 3-2　日本の最低生活基準の計算方法

4－2．イギリス

ここでは、イギリスのワーキングプアの推計の第 1 段階である貧困世帯の特定において肝要な、イギリスの最低生活水準について述べる。日本のワーキングプアの推計の際の貧困世帯の特定には、政府の発表する最低生活水準である生活保護基準、厳密には生活扶助第 1 類、第 2 類の基準額を用いた。同様のイギリスの制度・基準額として Applicable Amount(適用額)がある。

武川・塩野谷(編)(1999)によると、イギリス政府は、公的扶助制度に対して、扶助(assistance)という言葉を用いずに、補足給付(supplementary benefit)、所得補助(Income Support)という言葉を用いているようである[16]。上記のうち、所得補助(Income Support)が日本の生活保護制度にあたると言える[17]。

Applicable Amount は、1 週間の必要(need, ニード)を金額として表したものである。全国一律に設定されており、原則として、毎年 4 月に基準の引き上げが行われる。引き上げにはロシ指数(Rossi Index)が用いられる。ロシ指数とは、小売物価指数に基づいた指数であり、小売物価指数に含まれる項目から、賃貸料、住宅ローンの利子、地方税、減価償却費を除いた指数となる[18]。

---

[16] 武川・塩野谷(編)(1999)、pp.199-225 を参照。
[17] 阿部(2000)を参照。
[18] 例えば阿部(2000)では、「それは、申請者が自身で衣食や暖房をとることを可能なであると議会が決定する額」(傍点ママ)と説明しているが、何を根拠としてニードを測定しているのかについて、詳細を知ることは出来なかった。阿部(2000)、p.38 より引用。

表 3-6　イギリスの Applicable Amount（その 1）

£ per week

	Single person				Lone parent		
	Under 18		18 or over		Under 18		18 or over
	Usual rate	Higher rate	18 to 24	25 or over	Usual rate	Higher rate	
9 April 1990	21.90	28.80	28.80	36.70	21.90		36.70
8 April 1991	23.65	31.15	31.15	39.65	23.65	31.15	39.65
7 October 1991	23.90	31.40	31.40	39.65	23.90	31.40	39.65
6 April 1992	25.55	33.60	33.60	42.45	25.55	33.60	42.45
12 April 1993	26.45	34.80	34.80	44.00	26.45	34.80	44.00
11 April 1994	27.50	36.15	36.15	45.70	27.50	36.15	45.70
10 April 1995	28.00	36.80	36.80	46.50	28.00	36.80	46.50
8 April 1996	28.85	37.90	37.90	47.90	28.85	37.90	47.90
7 April 1997	29.60	38.90	38.90	49.15	29.60	38.90	49.15
6 April 1998	30.30	39.85	39.85	50.35	30.30	39.85	50.35
12 April 1999	30.95	40.70	40.70	51.40	30.95	40.70	51.40
10 April 2000	31.45	41.35	41.35	52.20	31.45	41.35	52.20
9 April 2001	31.95	42.00	42.00	53.05	31.95	42.00	53.05
8 April 2002	32.50	42.70	42.70	53.95	32.50	42.70	53.95
7 April 2003	32.90	43.25	43.25	54.65	32.90	43.25	54.65
12 April 2004	33.50	44.05	44.05	55.65	33.50	44.05	55.65

	Couple			Dependent children		
	Both under 18	One or both 18 or over		Under 11	11 to 15	16 to 17	18
9 April 1990	43.80	57.60		12.35	18.25	21.90	28.80
8 April 1991	47.30	62.25		13.35	19.75	23.65	31.15
7 October 1991	47.30	62.25		13.60	20.00	23.90	31.40
6 April 1992	50.60	66.60		14.55	21.40	25.55	33.60
12 April 1993	52.40	69.00		15.05	22.15	26.45	34.80
11 April 1994	54.55	71.70		15.65	23.00	27.50	36.15
10 April 1995	55.55	73.00		15.95	23.40	28.00	36.80
8 April 1996	57.20	75.20		16.45	24.10	28.85	37.90

			Dependent children		
			Under 11 [1a]	11 to 16 [1b]	16-18 [1c]
7 April 1997	58.70	77.15	16.90	24.75	29.60
6 April 1998	60.10	79.00	17.30	25.35	30.30
5 November 1998			19.80	25.35	30.30
12 April 1999 [2]		80.65	20.20	25.90	30.95
4 October 1999		80.65	24.90	25.90	30.95

			Dependent Children	
			Up to and inc 16 [3a]	16 –18 [3b]
10 April 2000 [3]		81.95	26.60	31.75
23 October 2000			30.95	31.75
9 April 2001		83.25	31.45	32.25
22 October 2001			32.95	33.75
8 April 2002		84.65	33.50	34.30

			Up to and Inc 18
7 April 2003 [4]		85.75	38.50
12 April 2004		87.30	42.27

Notes: 1. From 7 April 1997 the age banding used for the benefit calculation of dependent children have changed.
　　　From this date the banding are as follows:
　　　a. Birth to September following 11th birthday.
　　　b. From September following the 11th birthday to September following the 16th birthday.
　　　c. From September following the 16th birthday to the day before the 19th birthday.
　　　Some children will remain eligible for a different rate of benefit i.e. have 'protected rights'. These are as follows:-
　　　*Child aged 11 before 7 April 1997 : allowance £25.35
　　　*Child aged 16 before 7 April 1997 : allowance £30.30
　　　*Child aged 18 before 7 April 1997 : allowance £39.85
　　2. From 12 April 1999 the personal allowance for married or unmarried couples where both members are not yet 18 or one of the couple is aged 18 or over depends on the couple's circumstances. They may be entitled to a couple allowance or a single person's allowance dependent on certain criteria.
　　3. From 10 April 2000 there are only 2 age bands for dependants. From this date the age banding are as follows:
　　　a. Birth to September following 16th birthday
　　　b. From September following 16th birthday to the day before the 19th birthday
　　4. From April 2003 the allowance paid to dependant children was aligned, one rate payable to all aged up to and Inc. 18

表 3-6 イギリスの Applicable Amount (その 2)

£ per week

	Disabled child	Carer (1)	Disability Single	Disability Couple	Enhanced Disability (5) Child	Enhanced Disability (5) Single	Enhanced Disability (5) Couple	Severe Disability Single	Severe Disability Couple (one)	Severe Disability Couple (both)
9 April 1990	15.40	10.00	15.40	22.10	.	.	.	28.20	28.20	56.40
8 April 1991	16.65	10.80	16.65	23.90	.	.	.	31.25	31.25	62.50
6 April 1992	17.80	11.55	17.80	25.55	.	.	.	32.55	32.55	65.10
12 April 1993	18.45	11.95	18.45	26.45	.	.	.	33.70	33.70	67.40
11 April 1994	19.45	12.40	19.45	27.80	.	.	.	34.30	34.40	68.60
10 April 1995	19.80	12.60	19.80	28.30	.	.	.	35.05	35.05	70.10
8 April 1996	20.40	13.00	20.40	29.15	.	.	.	36.40	36.40	72.80
7 April 1997	20.95	13.35	20.95	29.90	.	.	.	37.15	37.15	74.30
6 April 1998	21.45	13.65	21.45	30.60	.	.	.	38.50	38.50	77.00
12 April 1999	21.90	13.95	21.90	31.25	.	.	.	39.75	39.75	79.50
10 April 2000	22.25	14.15	22.25	31.75	.	.	.	40.20	40.20	80.40
10 April 2000	22.25	14.15	22.25	31.75	.	.	.	40.20	40.20	80.40
9 April 2001	30.00	24.40	22.60	32.25	11.05	11.05	16.00	41.55	41.55	83.10
8 April 2002	35.50	24.80	23.00	32.80	11.25	11.25	16.25	42.25	42.25	84.50
7 April 2003	41.30	25.10	23.30	33.25	16.60	11.40	16.45	42.95	42.95	85.90
12 April 2004	42.49	25.55	23.70	33.85	17.08	11.60	16.75	44.15	44.15	88.30

	Family (2) All	Family (2) Couple	Family (2) Lone Parent	Lone Parent (4)	Pensioner Single	Pensioner Couple	Enhanced Pensioner (3) Single	Enhanced Pensioner (3) Couple	Higher Pensioner Single	Higher Pensioner Couple
9 April 1990	7.35	.	.	4.10	11.80	17.95	14.40	21.60	17.05	24.25
8 April 1991	7.95	.	.	4.45	13.75	20.90	15.55	23.35	18.45	26.20
6 April 1992	9.30	.	.	4.75	14.70	22.35	16.65	25.00	20.75	29.55
12 April 1993	9.65	.	.	4.90	17.30	26.25	19.30	29.00	23.55	33.70
11 April 1994	10.05	.	.	5.10	18.25	27.55	20.35	30.40	24.70	35.30
10 April 1995	10.25	.	.	5.20	18.60	28.05	20.70	30.95	25.15	35.95
8 April 1996	10.55	.	.	5.20	19.15	28.90	21.30	31.90	25.90	37.05
7 April 1997	.	10.80	15.75	.	19.65	29.65	21.85	32.75	26.55	38.00
6 April 1998	.	11.05	15.75(4)	.	20.10	30.35	22.35	33.55	27.20	38.90
12 April 1999	.	13.90	15.75	.	23.60	35.95	25.90	39.20	30.85	44.65
10 April 2000	.	14.25	15.90	.	26.25	40.00	28.65	43.40	33.85	49.10
9 April 2001(6)	.	14.20	15.90	.	39.10	57.30	39.10	57.30	39.10	57.30
8 April 2002	.	14.75	15.90	.	44.20	65.15	44.20	65.15	44.20	65.15
7 April 2003	.	15.75	15.90	.	47.45	70.05	47.45	70.05	47.45	70.05
12 April 2004	.	15.95	15.95	.	49.80	73.65	49.80	73.65	49.80	73.65

	Bereavement (7)
8 April 2002	21.55
7 April 2003	22.80
12 April 2004	23.95

Notes:
1　Carer premium introduced in October 1990.
2　Family premium increased to £8.70 from 7 October 1991.
3　Enhanced Pensioner premium introduced in October 1989.
4　From 7 April 1997 Lone parents receive one premium (Family premium - Lone parent rate) instead of two separate premiums i.e. Family premium & Lone parent premium.
5　Enhanced Disability Premium introduced in April 2001.
6　Alignment of Premiums paid to 'aged 60 or over' (MIG) April 2001
7　Bereavement Premium introduced in April 2002

(出所) ONS(2008),"Income Support Quarterly Statistical Enquiries", ONS Website, [http://www.dwp.gov.uk/asd/isqse.asp.]より引用。

単身・カップルの別、ひとり親・カップルの別、障がいの有無、高齢(年金生活者)であるか否か、またそれらが高度(enhanced)であるか否かで、Applicable Amount の額は異なる。このうち、日本の生活保護制度の中の生活扶助第 1 類(個人単位で算定される基準額)にあたるのが、Personal Allowance(個人手当)であり、生活扶助第 2 類(世帯人数による加算)にあたるのが、Family Premium(家族加算)である。これらを各世帯の状況に合わせて加算し、それをイギリスの各世帯別の最低生活水準とした。参考のために、Applicable Amount を表 3-6 に示しておく。

4－3．カナダ

(1) 社会扶助(social assistance)基準

ここでは、カナダの最低生活基準を、以下で、制度的側面と統計的側面から述べることとする。

日本の生活保護に該当するカナダの制度として、社会扶助(social assistance)がある。カナダの社会扶助について、体系的にまとめられた邦文論文・書籍として、根本(1999)、丸山(2000)がある。また、カナダでは、National Council of Welfare(以下 NCW と略記する)が最低生活基準、貧困者数等に関して種々のレポート、データを発表している。

丸山(2000)によると、社会扶助制度は州ごとに運営が異なっており、全国統一の基準がないとされる[19]。また、根本(1999)は「カナダにおける社会扶助は決してひとつの制度としてあるものではない。それは各州/準州により異なった仕組みを有しており、その意味で 12 の社会扶助の制度が存在する。さらに、ノバスコシア、オンタリオ、マニトバの 3 州においては、州政府が各市町村に社会扶助に関し一定の自由裁量権を付与しているため、カナダには数百の公的扶助の仕組みがあるとする者もいる」[20]と述べている。

日本の生活保護基準やイギリスの Applicable Amount では、その基準額が中央政府によって発表されており、基準額の組み合わせから各世帯の最低生活基

---

[19] 丸山(2000)、p.378 を参照。
[20] 根本(1999)、p.197 より引用。

準額を算定することが可能である。しかしながら、カナダにおいては、各州/準州において基準額が異なり、またそれが多様であるため、日本やイギリスのように基準額の組み替えによって最低生活基準額を一意に算定することは困難であった[21]。なお、NCWが貧困線、福祉所得(welfare income)として、いくつかの世帯形態(単身(就業可能)、単身(傷害あり)、ひとり親・子供1人、2人親・子供2人等)の州別の基準額を提示している[22]。ただし、これら以外の世帯形態の最低生活基準額を、厳密にNCWが発表しているデータから算定することは困難である。よって、最低生活基準額について他の方法を用いて算定する。

(2) カナダ統計局発表の最低生活基準

前項において、カナダの最低生活基準は、州/準州で多様であるため、日本やイギリスのように基準額の組み替えによって一意に算定することが困難であることを述べた。本稿の目的上、代替的な措置が必要となる。

カナダには、公的な貧困基準が存在しない。3つの低所得基準が発表されている。カナダ政府は、あくまでそれらが低所得基準であって貧困基準でないことを明言しているが、一方で、各種のレポートでカナダの貧困状態を報告する場合に、貧困と非貧困世帯を区分する基準として低所得基準を用いている。低所得基準として公表されているのは、Low-Income Cut-Off(LICO)基準であり、Low-Income Measure(LIM)基準であり、そしてMarket-Basket Measure(MBM)基準である。これら基準について詳しくは、岩井・村上(2007a)で述べられている。以下、各基準の内容を概説しておく[23]。

---

[21] 幾つかの州/準州に関して、社会扶助基準額(特に所得扶助(Income Support)基準額)が提示されているかをWeb上で調査した。例えば、ブリティッシュコロンビア州では、所得扶助基準額が提示されていた。オンタリオ州では、Ontario Worksとして、種々の基準額が発表されている。ノバスコシア州においても個人手当(personal allowance)、住宅手当(shelter allowance)、特別なニーズ(special needs)として基準額が発表されている。ケベック州では、サンプルという形で、基準額が例示されている。サスカチュワン州においては、Saskatchewan Assistance Rateという形で、発表されている。一方で、アルバータ州では、所得扶助の詳細を地域のE&I(Employment and Immigration)オフィスに問い合わせることになっている。マニトバ州も同様であった。ユーコン準州では、基本的に各地域のオフィスに問い合わせるという形になっている。各州/準州で対応が様々である。各州/準州のWebsiteを参照。
[22] NCW Website [http://www.ncwcnbes.net/en/home.html]を参照。
[23] 詳細は、岩井・村上(2007a)、pp.36-40を参照。

(注) 図は，1992年時の計算結果。

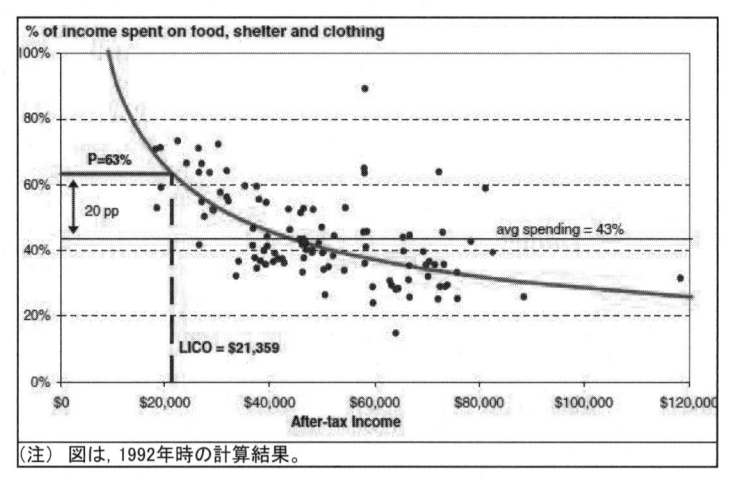

(出所) Statistics Canada（2010），Low Income Lines, 2008-2009, Income Research Paper Series, No.005.

図 3-3　LICO 基準の算定方法

表 3-7　LICO 基準額（2008 年）

| 世帯規模 | 郊外 | コミュニティ規模 ||||
| | | 都市部 ||||
		30000人未満	30000〜99999人	100000〜499999人	500000人以上
1人	12,019	13,754	15,344	15,538	18,373
2人	14,628	16,741	18,676	18,911	22,361
3人	18,215	20,845	23,255	23,548	27,844
4人	22,724	26,007	29,013	29,378	34,738
5人	25,876	29,614	33,037	33,453	39,556
6人	28,698	32,843	36,640	37,100	43,869
7人以上	31,519	36,072	40,241	40,747	48,181

(注)　金額は、2008年、課税後のもの。

(出所) Statistics Canada（2010），Low Income Lines, 2008-2009, Income Research Paper Series, No.005

　LICO 基準は、世帯の規模と居住する都市の規模により異なる低所得基準である。図 3-3 にあるように、まず、世帯支出調査(Family Expenditure Survey, FAMEX)より得られる世帯の食料・住居・衣服費合計が、課税前所得の比率として算出される。そして、所得に対する食料・住居・衣服費合計の課税前所得に対する平均比率の 20％超のラインが LICO 基準となる。2008 年の基準額は表 3-7 のようになる。近年、LICO-AT として、課税後所得の比率を用いた基準も発表されるようになっている。

　LIM 基準は、等価尺度(equivalence scale)によって世帯規模を調整して、1

人当たりの所得水準を計算し、その中位の50%として定義される所得基準である。表3-8ではLIM基準とOECD基準の調整方法の比較がなされている。OECD等では、等価尺度を0.5とし、世帯人員数を0.5乗する方法が用いられている。これは、2人世帯の消費額を1.4、単身世帯を1とする方法である。

表3-8 LIM基準の調整方法

	OECD	LIM	Square root
成人1人	1.0	1.0	1.00
成人1人，子ども1人	1.3	1.4	1.40
成人2人	1.5	1.4	1.41
成人1人，子ども2人	1.6	1.7	1.73
成人2人，子ども1人	1.8	1.7	1.73
成人3人	2	1.8	1.73
成人1人，子ども3人	1.9	2	2.00
成人2人，子ども1人	2.1	2	2.00
成人3人，子ども1人	2.3	2.1	2.00
成人4人	2.5	2.2	2.00
成人1人，子ども4人	2.2	2.3	2.24
成人2人，子ども3人	2.4	2.3	2.24
成人3人，子ども2人	2.6	2.4	2.24
成人4人，子ども1人	2.8	2.5	2.24
成人1人，子ども5人	2.5	2.6	2.45
成人2人，子ども4人	2.7	2.6	2.45
成人3人，子ども3人	2.9	2.7	2.45
成人4人，子ども3人	3.1	2.8	2.45

（注）成人の定義はそれぞれの等価尺度で異なっている。LIMでは16歳以上，OECDでは15歳以上である。LIMでは，年齢に関わらず二番目に年齢の高い人は成人として取り扱っている。

（出所）Statistics Canada (2010), Low Income Lines, 2008-2009, Income Research Paper Series, No.005.

表3-9 LIM基準額(2007年)

	子どもの数					
	0	1	2	3	4	5
	ドル					
成人1人	16,025	22,435	27,243	32,050	36,858	41,665
成人2人	22,435	27,243	32,050	36,858	41,665	46,473
成人3人	28,845	33,653	38,460	43,268	48,075	52,883
成人4人	35,255	40,063	44,870	49,678	54,485	59,293

（出所）Statistics Canada (2010), Low Income Lines, 2008-2009, Income Research Paper Series, No.005

カナダのLIM基準では、(1)世帯内の最高齢の人員を1.0とし、次に(2)高齢の世帯人員を0.4、(3)他の16歳以上の人員を0.4、(4)16歳未満の人員を0.3としている。LICOと異なり、世帯内の子供の数を考慮した基準となっている。一方で、LICO基準のように、地域別の基準はない。2007年の基準額は表3-9

のようになる。

　MBM 基準は、2 人の大人と 2 人の子供を標準世帯として、食料費、衣服・靴費、住居費、移動費、他の財・サービス費からなるマーケットバスケットから算出される基準である。標準世帯以外の世帯規模については、LIM 基準の等価尺度が用いられ、基準が算出される。また、地域別の基準額が算定されている。

　以上の低所得基準のうち、どの基準をカナダの最低生活基準として用いるか。『就業構造基本調査』の世帯所得データが課税前データである点、すなわち、日本のワーキングプア推計の際、貧困世帯の特定は最低生活基準と課税前世帯所得の比較によってなされている。この点が、カナダの低所得基準の採択の際の重要な要素のひとつとなる。MBM 基準は、その特徴からして、課税後の可処分所得と判断できる。よって、本稿で用いる基準として適当でない。一方、LIM 基準は、中位所得の 50％という基準である。貧困の国際比較によく用いられる基準であるが、それがカナダの最低生活基準であるとは言えない。よって、LIM 基準も、本稿で用いる基準としては適当でないと判断できる。これらより、本稿で用いるカナダの最低生活基準は、課税前所得を基準としている特徴を有する LICO 基準になる[24]。

4－4．アメリカ

（1）制度的側面からのアメリカの最低生活基準の検討

　ここでは、アメリカのワーキングプア推計に用いる最低生活基準を、カナダの場合のように、制度的側面から検討する。厚生労働省(2010)が述べるように、アメリカの公的扶助制度は「日本の生活保護制度のような、連邦政府による包括的な公的扶助制度はない。高齢者、障害者、児童など対象者の属性に応じて各制度が分立している。また、州政府独自の制度も存在している。」[25]というものであり、制度によって管轄あるいは運営の主体が異なっている。多様な最低生活基準が設定されていることが伺える。

---

[24] 各基準の特徴と、カナダにおける各基準の改訂の論議の詳細については、NCW(2003)を参照。
[25] 厚生労働省(2010)、p.281 より引用。

各州の最低生活基準を、連邦政府あるいは各州によって運営されている公的扶助の給付基準額から算定することが可能かを見極める。そのために、いくつかの州における公的扶助制度、とくに、各州が独自に運営する制度としての一般扶助(General Assistance，以下GAと略記する)を、Burke, V.(2003)といくつかの州の Website から検討した。

　GAを検討の対象とするのは、GAが、プログラムの内容、運営主体に関して多様なアメリカの社会福祉政策において「年齢や障害の有無などの属性によらず、所得水準のみを基準とし、すべての低所得者を受給対象とするという意味で最も一般性の高い政策」[26]とされるからである。多様な公的扶助制度にある様々な水準から最低生活基準を設定し、それを本稿のワーキングプアの推計に用いることができるのだろうか。

　Burke, V.(2003)によると、低所得者への給付プログラムは約80あるという。1998年半ばにおいて、同一の給付適用基準・給付額のGA現金プログラムの運営を行っている州は25州であるという。運営資金の拠出方法は州のみで拠出する場合と群・地方政府と資金の拠出を分担する場合があり、適用基準も州によって異なるようである。同じく Burke, V.(2003)によると、「18州において、GAは扶助を必要とする身体的に健全な成人へ適用することが認められているが、そのうち13州において、要扶養児童の存在を適用条件とする制約を課しており、また多くは就労が条件になっている」とされる。また、「11のプログラムにおいては特定の条件を課しておらず、州の基準をもとに、扶助を必要としながら連邦政府資金による扶助の基準を満たさないいかなる人にも扶助をあたえている」という。

　給付水準は、州あるいは州内部で大きく異なることが指摘されている。Burke, V.(2003)は「1998年半ばにおいて、GA現金給付限度額は、ミズーリ州の80ドル(月額、1人)からマサチューセッツ州の339ドル、そして、ネブラスカ州(身体障がい者)の645ドルの範囲にある」という。なお、10州においては、GAプログラムがないという。なお、GAをGAと称さずに、General Relief、Safety Net Assistance、Poor Relief、Direct Assistance、Relief Block Grant と称し

---

[26] 後藤(2000)、p.154 より引用。

ている州もある[27]。

　上記に加えて、いくつかの州の GA をその Website から検討する。例えば、ミネソタ州政府(2009)によると、ミネソタ州の GA は、「連邦政府資金による扶助プログラムの適用基準には当てはまらないが自立できない個人あるいはカップル」[28]に提供されるもので、適用基準ならびに給付額は州政府によって決められている。例えば、認定所得(月額)の計算に際しては、まず、申請者の総稼得から 50 ドルを除き、就労経験控除を適用し、払戻のない扶養費(実費)の控除を適用する。そして、これに不労所得を加える。これらの合計が認定所得となっている。同制度にも資産保有の制限がある。なお、給付額は、例えば 2009 年において、成人(法的に成人と認められる子どもを含む<Emancipated minor children>)、親とともに住み子どもがいない成人に 203 ドル、子どものいない婚姻カップルに 260 ドルとなっている[29]。この他に、ミネソタ州政府独自で運営する公的扶助制度として、General Assistance Medical Care(GAMC)、Minnesota Supplement Aid(MSA)、Group Residential Housing(GRH)等がある[30]。

　一方、カリフォルニア州プレイサー郡(Placer County)の Website によると、ミネソタ州と同様に、GA は連邦政府資金による援助プログラムの適用基準あるいは州政府の他の援助プログラムの適用条件を満たさないものへの援助とされる。すべての不動産・動産の価値が 50 ドルを超えないことが条件であるが、価値が 1500 ドル未満の車両は資産制限として考慮されないこと、住宅保有者は彼らが受け取るすべての GA 給付に関して、プレイサー郡への払戻のための同意書にサインすることをもとめられ、それが登録され、不動産の抵当権の役割を果たすことも条件となっている。また、就業可能であれば、いくつかの就業・求職条件が課され、就業不能であれば、障がいの証明を得るために協力すること、当局の示唆によって SSI/SSP と(あるいは)障害給付を申請することが条件となっている。

---

[27] Burke, V.(2003)、pp.77～80 より引用。
[28] Chun, R., Punelli, D.(2009)、p.9 より引用。
[29] Ibid., pp.9～14 を参照。
[30] テキサス州やペンシルベニア州の Website では一般扶助の基準額は文書として提示されておらず、申請者(申請希望者)がおおよその受給額を Website から確認することになっている。

カリフォルニア州プレイサー郡の GA の給付額(最大)は表 3-10 のようになる。

表 3-10　カリフォルニア州の GA の最大給付額

人数	＊住居費	＊水道光熱費	＊食費	＊雑費	必須(Mandatory)医療費控除	最大助成金
1	$137	*31	$77	$15	-$40	$220
2	$189	$33	$169	$28	-$40 per person	$339
3	$210	$38	$220	$50	-$40 per person	$398
4	$229	$39	$275	$71	-$40 per person	$454
5	$233	$39	$336	$93	-$40 per person	$501

＊もし申請者・受給者が実際にこの経費を負担しない場合，あるいは，他の誰かが支払う場合，これらの金額は助成金額合計に含まれない。
(出所)Placer County CaliforniaWebsite
[http://www.placer.ca.gov/Departments/hhs/public_assistance/GeneralRelief.aspx]より引用。

　日本のワーキングプア推計の際には、日本の生活保護制度にある各種の扶助・加算基準額を用いて最低生活基準額を設定した。また、イギリスのワーキングプア推計の際には、中央政府によって発表されている Applicable Amount を用いてイギリスの最低生活基準額を設定した。

　上記からも明らかなとおり、例えば、GA は、連邦政府資金による扶助プログラムの適用基準(Temporally Assistance for Needy Families：TANF など)を満たさない層が対象であり、その適用は当局の判断に負うところが大きい。加えて GA 以外の各種扶助の適用なども鑑みると、アメリカのワーキングプア推計のために最低生活基準を一意に設定することは困難である。また、約 80 あるアメリカの公的扶助制度うち、どの制度からの給付を被調査者が受けているかということを、アメリカのワーキングプア推計に用いた IPUMS-CPS から厳密に判断することは困難であった[31]。

（2）統計的側面からのアメリカの最低生活基準の検討

　制度的側面からアメリカの最低生活基準を設定することが困難であったため、統計的側面からアメリカの最低生活基準を検討する。

　アメリカ連邦政府は、現在、最低生活基準として、①連邦貧困基準、②貧困

---

[31] 連邦政府が管轄する公的扶助を受給しているかに関しては、いくつかの変数があるものの、州独自の制度に関しては、他の制度とともに other・any assistance としてまとめられている。

ガイドライン、③実験的貧困基準を公表している。また、補足的貧困基準(Supplemental Poverty Measure, SPM)を、2009年から行政予算管理局の主導のもと、多数の省庁が連携し開発しはじめている。いずれもアメリカセンサス局のWebsiteにおいて公表されているが、①の連邦貧困基準はアメリカセンサス局が策定したものであり、②の貧困ガイドラインはアメリカ保健福祉省(U.S. Department of Health and Human Service, 以下HHSと略記する)によって策定され、③の実験的貧困基準は1995年のアメリカ科学アカデミー(National Academy of Science, 以下NASと略記する)の勧告を受けて「代替的な」貧困基準として公表されている。

①の連邦貧困基準は、Orshansky, M.(1965)が開発した貧困基準を、毎年物価調整して、世帯人数別に算定し、公表されているものである。生計費の算定方法として、エンゲル方式が用いられており、食料費が全体の費用に占める割合は3分の1である。BLSもまた、この連邦貧困基準を用いてワーキングプアの推計を行っている。

②の貧困ガイドラインは、連邦貧困基準をもとに策定された基準である。毎年、連邦広報に掲載される。HHSによると、連邦貧困基準の利用が主に統計的な目的であるのに対し、貧困ガイドラインは主に行政上の目的(種々の連邦プログラムへの金銭上の適用資格の判断)のために利用されている[32]。

③の実験的貧困基準は、1960年代から公表され、その算定方法と内容を現在においても変えず、毎年物価調整するのみの連邦貧困基準を、NASが概念、算定方法、利用できるデータから再検討し、NASによる勧告という形で提起されたものである。測定方法として、食糧・住宅・衣服を現在の生活におけるBasic Bundleとし、そこに、少額の世帯操業費、個人ケア費などを加えた費用を標準世帯について算定し、そして、それを都市部と郊外での住居費の違いを反映させるように調整するという方法をとっている[33]。上記の3つの最低生活基準をそれぞれ表3-11〜表3-13に示している。

---

[32] HHS Website[http://aspe.hhs.gov/poverty/10poverty.shtml]を参照。
[33] 算定方法の詳細については、Citro, C.F. and Michel, R.T.[eds.](1995)ならびに、村上(2001)を参照。

表 3-11 連邦貧困基準(2002年，単位ドル)

世帯規模	基準 (加重平均)	18歳未満の子どもの数								
		なし	1人	2人	3人	4人	5人	6人	7人	8人以上
1人(子供を持たない個人)......	9,183									
65歳未満......	9,359	9,359								
65歳以上......	8,628	8,628								
2人......	11,756									
世帯主65歳未満......	12,110	12,047	12,400							
世帯主65歳以上......	10,885	10,874	12,353							
3人......	14,348	14,072	14,480	14,494						
4人......	18,392	18,556	18,859	18,244	18,307					
5人......	21,744	22,377	22,703	22,007	21,469	21,141				
6人......	24,576	25,738	25,840	25,307	24,797	24,038	23,588			
7人......	28,001	29,615	29,799	29,162	28,718	27,890	27,890	25,865		
8人......	30,907	33,121	33,414	32,812	32,285	31,538	30,589	29,601	29,350	
9人以上......	37,062	39,843	40,036	39,504	39,057	38,323	37,313	36,399	36,173	34,780

(出所) Census Bureau Website,
[http://www.census.gov/hhes/www/poverty/data/threshld/thresh02.html]より引用

表 3-12 貧困ガイドライン(2002年)

世帯規模	北米の地続きの48州とD.C.	アラスカ	ハワイ
1	$8,860	$11,080	$10,200
2	11,940	14,930	13,740
3	15,020	18,780	17,280
4	18,100	22,630	20,820
5	21,180	26,480	24,360
6	24,260	30,330	27,900
7	27,340	34,180	31,440
8	30,420	38,030	34,980
1人追加毎に加算	3,080	3,850	3,540

SOURCE: *Federal Register*, Vol. 67, No. 31, February 14, 2002, pp. 6931-6933.
(出所) HHS Website [http://aspe.hhs.gov/poverty/02poverty.htm]より引用

表 3-13　NAS が提起した基準(1992 年データ)

世帯内の人数	18歳未満の子供の数							
	なし	1人	2人	3人	4人	5人	6人	7人	8人

標準世帯に対する額が $ 13175　：　規模の経済要素　0.75

1人(a)	5,262							
2人	8,850	7,834						
3人	11,995	11,083	10,147					
4人	14,883	14,038	13,175	12,293				
5人	17,594	16,796	15,985	15,161	14,322			
6人	20,172	19,411	18,640	17,857	17,063	16,258		
7人	22,645	21,912	21,173	20,424	19,665	18,898	18,119	
8人	25,030	24,323	23,608	22,887	22,158	21,420	20,674	19,919
9人	27,342	26,655	25,963	25,264	24,559	23,848	23,128	22,402	21,667

標準世帯に対する額が $ 14800　：　規模の経済要素　0.75

1人(a)	5,911							
2人	9,941	8,800						
3人	13,474	12,450	11,398					
4人	16,719	15,769	14,800	13,809				
5人	19,764	18,868	17,957	17,031	16,088			
6人	22,660	21,805	20,939	20,060	19,168	18,263		
7人	25,438	24,615	23,784	22,943	22,091	21,229	20,354	
8人	28,117	27,323	26,520	25,710	24,891	24,062	23,224	22,376
9人	30,714	29,943	29,165	28,380	27,588	26,789	25,981	25,165	24,339

標準世帯に対する額が $ 14800　：　規模の経済要素　0.65

1人(a)	6,680							
2人	10,483	9,432						
3人	13,644	12,741	11,802					
4人	16,449	15,636	14,800	13,938				
5人	19,017	18,267	17,500	16,715	15,910			
6人	21,409	20,707	19,992	19,263	18,519	17,758		
7人	23,665	23,001	22,326	21,640	20,943	20,232	19,508	
8人	25,811	25,178	24,536	23,885	23,224	22,552	21,870	21,177
9人	27,865	27,258	26,643	26,021	25,390	24,751	24,103	23,445	22,777

(注)　基準は地域によって調整される。
(a)　1人"世帯"とは、単身個人、すなわち、1人で住んでいる、関係のない者と住んでいる者をいう。
(出所)　Citro, C.F. and Michel, R.T., edit. (1995), p.251TABLE 5-2 より引用

　上記の3つの最低生活基準のうち、アメリカのワーキングプアの推計のための最低生活基準として何を用いるか。まず、②の貧困ガイドラインは、連邦貧困基準をもとに策定されたものであり、本稿で用いるアメリカの最低生活基準の選択肢からは除くこととする。

　日本のワーキングプアの推計には生活保護基準を用いた。これは、政府が公的に認める最低生活基準であると言える。確かに、アメリカの実験的貧困基準は、連邦貧困基準の概念、測定上の問題点を修正した基準であるという点で、

連邦貧困基準よりもより貧困を正確に捉えることのできる尺度であると言えよう。しかしながら、あくまで、政府が公的に認めている最低生活基準という点では、アメリカのワーキングプアの推計のために連邦貧困基準を用いるのが妥当だろう。よって、アメリカのワーキングプアの推計には、連邦貧困基準を用いることとした。なお、アメリカにおいて、連邦貧困基準を用いた貧困率は、世帯人数ごとに設定された連邦貧困基準額と現物給付・キャピタルゲイン・ロスを除いた課税前の所得データとの比較から算定される[34]。日本のワーキングプアの推計に用いた『就業構造基本調査』にある所得の定義も課税前となっている。

5．各国のワーキングプアの推計

5－1．イギリス

　ここでは、イギリスのワーキングプアの推計方法について述べる。本稿のイギリスのワーキングプアの推計は、先に述べた日本のワーキングプアの推計方法に従っている。

　まず、先に提示した Applicable Amount を用いて、世帯形態別の最低生活基準額を計算し、貧困世帯の特定を行う。世帯形態別の週当たりの最低生活基準額は、例えば 2002 年の夫婦・子供 1 人(15 歳)の場合、カップルへの給付(Personal Allowance, Couple)＋ 扶養児童への給付(Dependent Children, Up to inc 16)＋家族への給付(Family Premium, Couple)【＝84.65＋33.50＋14.75】で、132.9 ポンドとなる。週当たりであるので、これを年額(52 週)に換算すると、132.9×52＝6910.8 ポンドとなる。当該世帯の世帯所得がこの基準を超えない場合、その世帯をイギリスの貧困世帯と見なす。当然、世帯所得が基準を超える場合はイギリスの非貧困世帯となる。

　ただし、先の表 3-6 を見ても分かるように、Applicable Amount は、例えば、年齢別の基準に見られるように、細かく分けられているわけではない。GHS

---

[34] Census Bureau Website [http://www.census.gov/hhes/www/poverty/about/overview/measure.html]を参照。

データにある世帯形態(世帯員の属性、世帯主との関係)は、Applicable Amount の分類以上に細かく別れている。そこで、これら細かく別れた世帯員の属性をある程度 Applicable Amount の分類基準に合わせるため、表 3-14 のような処置を行った。

表 3-14 GHS 世帯変数の組み替え

変数(世帯主との関係)	分類後
Label = DNA	
Label = NA	
Label = Not eligible	
Label = Self	・・・ 単身者・カップル
Label = Spouse	・・・ カップル
Label = Cohabitee	・・・ カップル
Label = Son/daughter (incl. adopted)	
Label = Step-son/daughter	・・・ 子
Label = Foster child	
Label = Son-in-law/daughter-in-law	
Label = Parent/guardian	・・・ 単身者
Label = Step-parent	
Label = Foster parent	
Label = Parent-in-law	
Label = Brother/sister (incl. adopted)	
Label = Step-brother/sister	・・・ 単身者
Label = Foster brother/sister	
Label = Brother/sister-in-law	
Label = Grand-child	・・・ 子
Label = Grand-parent	
Label = Other relative	・・・ 単身者
Label = Other non-relative	

(注)変数としてあってもサンプルがない場合は斜線を引いている。

　Applicable Amount の適用の際に、同棲カップルの場合はカップルとして扱う等の規定が設けられているため、同棲している世帯主のパートナー(Cohabitee)もカップルとして取り扱う。細かく別れている子供に関する変数は 1 つにまとめた。また、親、兄弟、他の関係者、他人を単身者として扱うようにした[35]。

　以上により、世帯形態別の最低生活基準額が算定され、貧困世帯が特定できることとなる。貧困世帯の特定のあと、貧困世帯の世帯人員の労働市場での活動をもとにイギリスのワーキングプアを特定する。フルタイムの学生をワーキングプアから除いている。ただし、就業・失業期間が 3 ヶ月未満でも前職があ

---

[35] 厳密に Applicable Amount にある分類基準へ適用することは困難であった。他に、単純に 16 歳以上の世帯人員数とそれ未満の世帯人員数のマトリックスを作り基準額を設けるという方法もある。

る場合は、ワーキングプアに含めることとした[36]。

5-2. カナダ

　本稿のカナダのワーキングプアの推計もまた、先に述べた日本のワーキングプアの推計方法に従っている。LICO基準(課税前)を用いて、カナダの貧困世帯を特定し、貧困世帯に属する世帯員(学生を除く)が、3ヶ月以上労働市場で活動している場合、当該個人をカナダのワーキングプアとする。

　SLIDデータから、ワーキングプアを分類し、基本属性(性、年齢、学歴)、就業形態別に集計を行った[37]。ただし、特に就業形態に関する変数は、メタデータレベルでの検討では、『就業構造基本調査』と比較可能な変数が備わっていたものの、実際のデータ処理段階では、マニュアルに、「これは現在利用できない」といった文言があり、厳密な比較を行うことが出来ていない。この点で、推計結果は限界を持つものである。

5-3. アメリカ

　アメリカのワーキングプアの推計は、先に述べた日本のワーキングプアの推計方法に従っている。連邦貧困基準を用いて、アメリカの貧困世帯を特定した後、貧困世帯に属する世帯員(フルタイムの学生を除く)が、3ヶ月以上労働市場で活動している場合、当該個人をアメリカのワーキングプアとする。

　IPUMS-CPSデータから、ワーキングプアを分類し、基本属性(性、年齢、学歴)、就業形態別に集計を行った。

---

[36] これらの層を省くという方法もあるが、ここでは、含めることにしている。就業期間が3ヶ月未満の就業者で前職がない場合、「失業していて求職していた者」と「非労働力であった者」という二つの形態を想定できる。労働市場で活動した期間としては、3ヶ月を超える場合があり得るが、前者は今回の分類方法では含まれないことになる。
[37] 『就業構造基本調査』を用いた推計結果が、1992・1997・2002年であり、SLIDデータには1992年のものがないため、また、イギリスの1997年のGHSデータには復元倍率が備わっていないため、推計結果は1997年と2002年のものを示し、比較分析は2002年データを用いて行う。

6．ワーキングプアの国際比較

6－1．基本属性別の比較

　各国のワーキングプアの推計結果の詳細は、付表 3-1～付表 3-4 を参照されたい。ここでは、各国のワーキングプアに共通する特徴、ならびに、異なる特徴について述べることとする。比較には、失業・就労貧困率という指標を用いる。失業・就労貧困率は、ワーキングプア数÷(ワーキングプア数＋非ワーキングプア数)×100 で得られる。

　第 1 に、性別・年齢別に比較することとする。表 3-15 は、各国の性別・年齢別の失業・就労貧困率を示している

表 3-15　性別・年齢別の失業就労貧困率

	日本 男女計	日本 男性	日本 女性	イギリス 男女計	イギリス 男性	イギリス 女性	カナダ 男女計	カナダ 男性	カナダ 女性	アメリカ 男女計	アメリカ 男性	アメリカ 女性
総数	6.2	5.2	7.5	7.3	8.1	6.4	10.3	10.4	10.1	5.9	5.4	6.6
16(日本は15歳)～24歳	6.2	6.2	6.2	7.7	8.6	6.8	17.5	17.8	17.2	11.2	9.6	13.0
25～34歳	5.0	4.0	6.5	5.7	6.2	5.1	10.1	9.9	10.3	7.1	6.3	8.1
35～44歳	6.4	4.7	8.6	8.3	9.1	7.3	9.7	10.0	9.4	5.7	5.3	6.1
45～54歳	5.4	5.0	6.0	7.8	8.6	6.9	7.9	7.9	7.9	3.8	3.8	3.8
55～64歳	6.3	5.2	8.0	7.2	8.4	5.6	11.0	11.4	10.4	3.6	3.5	3.8
65歳以上	10.8	8.9	13.8	5.3	5.9	4.3	12.1	11.7	12.9	3.0	2.2	4.0

　表 3-15 を見ると、各国とも、若年層の失業・就労貧困率が高いことが分かる。ただし、性別では、日本とアメリカにおいて、男性よりも女性の失業・就労貧困率が高いのに対し、イギリスやカナダでは女性よりも男性の失業・就労貧困率が高率になっていることが分かる。また、日本やカナダでは高齢層の失業・就労貧困率が高率であるが、イギリス・アメリカでは他の年齢層よりも低くなっている。

　次に、学歴別に比較することとする。なお、各国で教育制度が異なるため、厳密な比較ではないことに注意を要する。学歴別の失業・就労貧困率を示し、それを比較したのが図 3-4 である。図 3-4 から、各国とも学歴が低いほど失業・就労貧困率が高くなることが分かる。

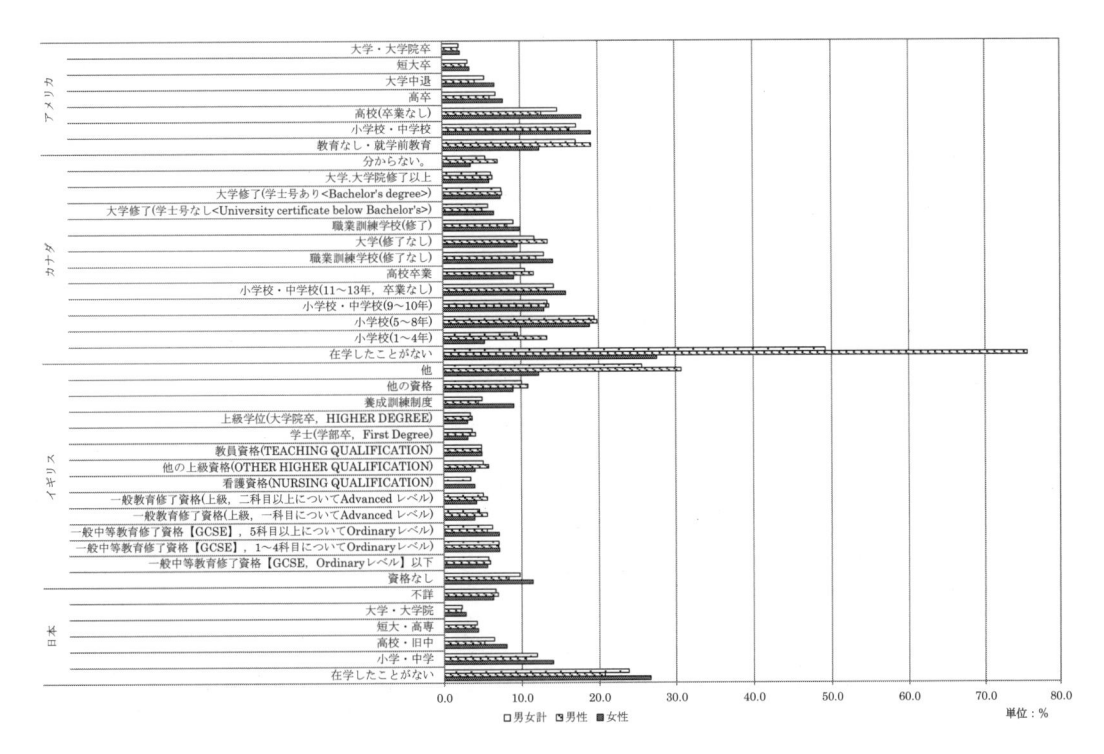

図 3-4 性別・学歴別の失業・就労貧困率

6－2．就労形態別の比較

　前項では、基本属性別の各国のワーキングプアの特徴を見た。ここでは、就労形態別に各国のワーキングプアの特徴を見ることとする。ワーキングプアという状態に陥る主な要因として、当該個人が不安定就業に就いているということが指摘されてきた。このことは各国で共通するのだろうか。

　各国の就業形態に関する項目を統一して比較するために、以下の処置を施した。第1に、被雇用者でありフルタイムで働く(正規の職員を含む)層以外を不安定就業層とした。日本の雇用形態に関する項目については、正規の職員・従業員以外を不安定就業層とした。イギリスに関しては、雇用者(時間が分からない)、政府計画従事者を除いた。カナダの雇用形態に関する項目については、年間を通じてフルタイムで働いたものをフルタイムとし、それ以外(年間を通じてパートタイム、一時期パートタイムなど)の層を不安定就業層とした。第2に、自営業層に関する項目は、日本では雇人なし・ありに分類されるが、イギリス

では分類がなく、カナダでは法人と非法人、アメリカでは個人経営と法人組織に分類されている。これらを統一するため、自営業層内で分類されている失業・就業貧困率を平均し、自営業とした。各国の就業形態別の失業・就労貧困率をグラフにしたのが図 3-5 である。

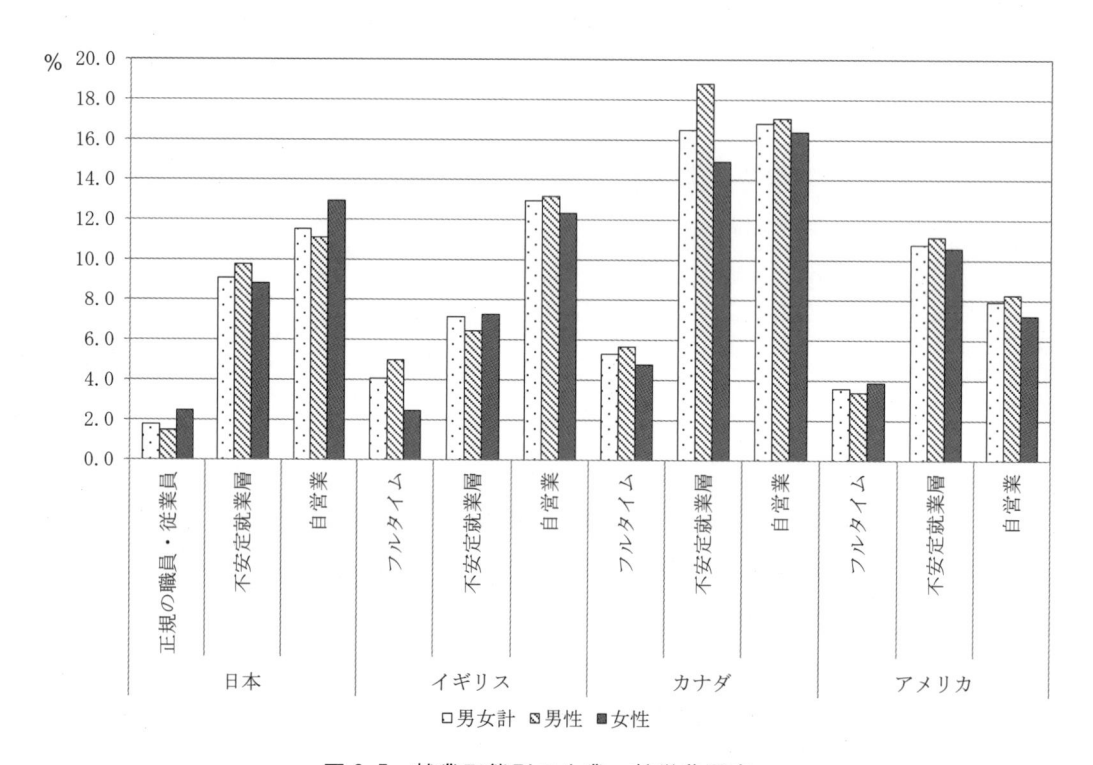

図 3-5　就業形態別の失業・就労貧困率

　各国ともフルタイムか否かで失業・就労貧困率が大きく異なっていることが分かる。就業形態に関する各項目をまとめた影響もあるが、不安定就業層においては、イギリスを除き、男性の失業・就労貧困率が女性のそれよりも高くなっている。自営業層においては、日本を除いて、自営業男性の失業・就労貧困率が高率になっている。総じて、不安定就業が失業・就労貧困率を引き上げる要因となっていることが分かる。
　以上に加えて、従業員規模別の失業・就労貧困率を見ておく。各国の項目を統一するために、従業員規模を、100 人未満、100〜499 人、500〜999 人、1000 人以上の 4 項目にまとめた。従業員規模別に比較したのが図 3-6 である。各国

とも、おおむね、従業員規模が大きいほど失業・就労貧困率が低くなっている。

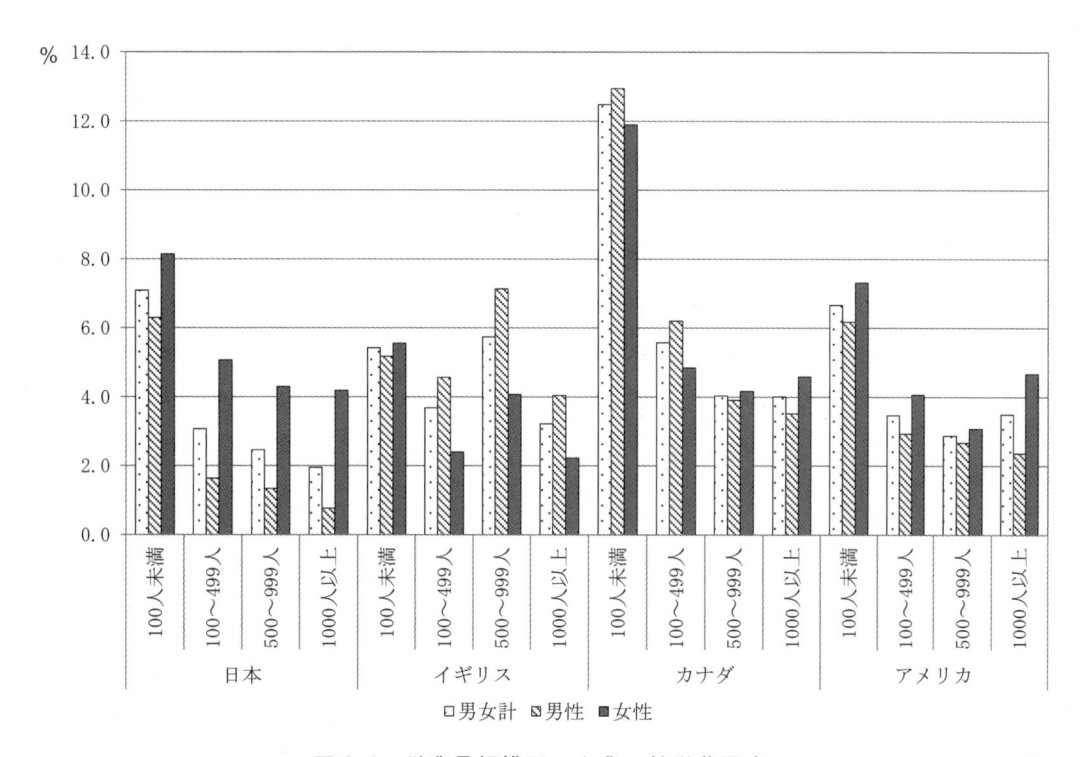

図 3-6　従業員規模別の失業・就労貧困率

7．むすびにかえて

　以上、日米英加のワーキングプアの諸特徴を、統一的な定義のもとに捉え、比較分析してきた。各国とも若年層の失業・就労貧困率が高率であり、低学歴、不安定就業、従業員規模の小ささが、ワーキングプアを規定する大きな要因になっていることが分かった。このように、これまでの分析によって、一定程度、ワーキングプアに陥る要因を規定できたのではあるが、同時に、本稿の分析には限界がある。それは、各国の最低生活水準の規定ならびに比較可能性に関するものである。

　本稿では、各国の政府が発表している最低生活基準（日本では生活保護基準、イギリスは適用額、カナダはLICO基準、アメリカは連邦貧困基準）をもとに貧困世帯を特定し、ワーキングプアの推計を行った。ここで問題となるのは、

各国の最低生活基準が本来比較可能であるのか否かである。本稿の分析には、各国の最低生活基準の設定に関していくつかの限界がある。

まず、貧困を絶対的貧困として測定するのか相対的貧困として測定するのかで、用いる最低生活基準は異なることとなる。例えば、先進国各国に共通する生存ぎりぎりの水準があるという仮定のもと、貧困を絶対的貧困として測定することを想定する。その際に用いる基準は、各国に共通する最低生活基準となるので、貧困の国際比較可能性は高まる。ただし、ここで用いる最低生活基準は、例えば食べることのみを保障するという基準となり、最低生活基準の水準の「低さ」が問題となる。ひいては、各国の貧困を正確に捉えているのかという問題が浮上する。一方で、相対的貧困として貧困を測定する場合、ある時点での国・地域の標準的な生活様式と照らし合わせる形で、当該個人(世帯)が貧困状態であるか否かが決まる。国際比較を鑑みると、統一的な最低生活基準の設定は困難なものとなる。OECDなどでは、相対的貧困率を、等価尺度で1人当たりに換算された中位所得の50～60％の水準を貧困ラインとして計算している。この基準を用いることで、貧困の比較可能性は高まることとなるが、中位所得の変動により変動する最低生活基準が、各国の最低生活基準として妥当か否かが検証されなくてはならない[38]。

加えて、貧困の測定、ならびに、その国際比較の方法の1つとして、ある国の最低生活基準を、物価調整などの処置を行った上で比較対象国の最低生活基準に適用するという方法を考える。測定技術上、それは不可能ではない。ただし、ある国の最低生活基準にあわせた基準によって把握された比較対象国の貧困は、正確に捉えられているのだろうか。上記の計測法は、貧困の定義的・計測論的立場からの批判は逃れ得ないことになる。何よりも、各国の貧困を正確に捉えるという視点に欠ける。

その時・場所の標準的な生活様式がある。自らの労働力を売り、生活資源を獲得する。標準的な生活様式を営めない場合、貧困となる。この点では、相対的貧困水準として、便宜的に、中位所得の半分を各国の貧困として把握することは重要である。ただし、先進国の中で共通する生活最低限を統計的に捉える

---

[38] 例えば、OECD の相対的貧困基準と日本の生活保護基準の比較については、山田・四方・田中・駒村（2010）において詳細な検討がなされている。

試みがあって良いのかもしれない。それは、相対的貧困基準ではなく、絶対的貧困基準なのかもしれない。これらの検討は今後の課題となる。

　上記に加えて、今後の課題として、第1に、ワーキングプアに陥る諸要因を計量的に明らかにすること、第2に、世帯類型・世帯員の働き方からみたワーキングプア分析（世帯員の働き方の組み合わせ等）がある。

謝辞

　本稿の日本のワーキングプアの推計結果は、一橋大学経済研究所附属社会科学統計情報研究センターで提供している『就業構造基本調査』(1992・1997・2002年)の秘匿処理済ミクロデータによる「日本のワーキング・プアの推計」(申請者：岩井浩、共同利用者：村上雅俊)の成果をもとにしている。

　イギリスのワーキングプアの推計結果は、UK Data Archive から提供された1997年と2002年 GHS マイクロ・データを利用した。ここに感謝の意を表したい。

　カナダのワーキングプアの推計は、カナダ統計局の Survey of Labour and Income Dynamics 秘匿処理済みマイクロ・データをもとにしている。マイクロ・データを利用した推計のすべては著者によるものであり、その利用と解釈の責任はすべて著者が負っている。また、上記データの利用に際して、カナダ統計局アカウント・エグゼクティブ Joanne Hans に多くの有益なコメントを頂いた。心より感謝申し上げる。(The estimation of the working poor in Canada is based on Statistics Canada's Survey of Labour and Income Dynamics Public Use Microdata, which contains anonymized data collected in the Survey of Labour and Income Dynamics. All computations on these microdata were prepared by Masatoshi Murakami. The responsibility for the use and interpretation of these data is entirely that of the author. I would particularly like to thank Joanne Hans [Account Executive, Statistics Canada] for her helpful advices.)

　アメリカのワーキングプアの推計は、IPUMS-CPS 1998, 2003 を用いて行った。ここに感謝の意を表したい。(The estimation of the working poor in United States is based on Miriam King, Steven Ruggles, J. Trent Alexander, Sarah Flood, Katie Genadek, Matthew B. Schroeder, Brandon Trampe, and Rebecca

Vick. Integrated Public Use Microdata Series, Current Population Survey: Version 3.0. IPUMS-CPS 1998, 2003. Minneapolis: University of Minnesota, 2010.)

参考文献・参考資料

[1] 阿部實(2000)「社会保障法(1986 年)の制定と所得保障制度の再編期(1986-現在)」,『英国所得保障政策の成立と展開』, 第Ⅵ章, pp.36-42, 日本社会事業大学.

[2] 新井光吉(2005)『勤労福祉政策の国際的展開 アメリカからイギリス, カナダへ』, 九州大学出版会.

[3] 岩井浩(1995)「労働力統計と不完全就業論(1)－合衆国における諸論点を中心に」,『関西大学経済論集』第 45 巻・第 3 号.

[4] 岩井浩(2002)「失業統計の吟味・批判と失業の代替指標－国際的論議－」, 研究所報, 29, pp.159-190, 法政大学 日本統計研究所.

[5] 岩井浩・村上雅俊(2007a)『日本の Working Poor の計測－就業構造基本調査リサンプリング・データの利用－』,『調査と資料』, 第 103 号, 関西大学経済・政治研究所.

[6] 岩井浩・村上雅俊(2007b)「日本の Working Poor の推計と雇用形態別格差－就業構造基本調査リサンプリング・データの分析－」,『経済研究』, 第 11 巻, 第 4 号, 静岡大学.

[7] 岩井浩・村上雅俊(2007c)「日本の Working Poor の計測－就業構造基本調査リサンプリング・データの分析－」,『統計学』, 第 92 号, 経済統計学会.

[8] 岩井浩・村上雅俊(2009)「現代の失業・不安定就業・「ワーキングプア」－構造的変化と格差－」,『現代社会と統計 2 格差社会の統計分析』, 第 1 編第 2 章, pp.27-59, 北海道大学出版会.

[9] 岩田正美(2005)「「被保護層」としての貧困」, 岩田正美・西澤晃彦編著,『貧困と社会的排除 福祉社会を蝕むもの』, 第 7 章, ミネルヴァ書房.

[10] 岩名礼介(2006)「最低所得保障制度の給付基準に関する国際比較」, 栃本十三郎・連合総合生活開発研究所(編)『積極的な最低生活保障の確立-国際比較と展望』, 補論, pp.287-302, 第一法規株式会社.

[11] 唐鎌直義(2005)「中年家族持ちワーキング・プアの生活と社会保障改革」, 後藤道夫・伍賀一道・布川日佐史・唐鎌直義・木下武男・名取学・岡田知弘・渡辺雅男・居城

舜子・伊藤周平（2005）『ポリティーク 第 10 号 特集 現代日本のワーキング・プア』, pp.66-80, 旬報社.

[12] 厚生省社会・援護局監査指導課編(1992)(1997)『社会保障の手引：施策の概要と基礎資料』, 財団法人 社会福祉振興・試験センター.

[13] 厚生労働省(2010)『2009～2010 年 海外情勢報告』, 厚生労働省.

[14] 伍賀一道(2007)「今日のワーキングプアと不安定就業問題-間接雇用を中心に-」,『経済研究』, 第 11 巻, 4 号, pp.519-542, 静岡大学.

[15] 伍賀一道(2009)「雇用・失業の視点から見た現代の貧困 –流動化する不安定就業に着目して-」,『貧困研究』, Vol.3, pp.34-41, 明石書店.

[16] 小杉礼子(2004)「イギリスの雇用政策」, 労働政策研究・研修機構(2004)『先進諸国の雇用戦略に関する研究』, pp.97-122, 独立行政法人 労働政策研究・研修機構.

[17] 後藤道夫(2007)「貧困の急拡大と勤労世帯への生活保障の底抜け構造」,『総合社会福祉研究』, 第 31 号, 総合社会福祉研究所.

[18] 後藤道夫・伍賀一道・布川日佐史・唐鎌直義・木下武男・名取学・岡田知弘・渡辺雅男・居城舜子・伊藤周平（2005）『ポリティーク』第 10 号 特集 現代日本のワーキング・プア, 旬報社.

[19] 後藤道夫・吉崎祥司・竹内章郎・中西新太郎・渡辺憲正(2007)『格差社会とたたかう-<努力・チャンス・自立>論批判』, 青木書店.

[20] 後藤玲子(2000)「公的扶助」, 藤田伍一・塩野谷祐一(編)(2000)『先進国の社会保障⑦ アメリカ』, 第 8 章, 東京大学出版会.

[21] 駒村康平(2003)「低所得世帯の推計と生活保護」,『三田商学研究』, 第 46 巻, 3 号, pp.107-126, 慶應義塾大学.

[22] 駒村康平(2007)「ワーキングプア・ボーダーライン層と生活保護制度改革の動向」,『日本労働研究雑誌』, 特集 貧困と労働, No.563, pp.48-60, 独立行政法人労働政策研究・研修機構.

[23] 駒村康平(2008)「ワーキングプアと所得保障政策の再構築」,『都市問題』, 2008 年 6 月号.

[24] 総務省統計局,『就業構造基本調査報告』, (1992 年, 1997 年, 2002 年), 日本統計協会.

[25] 全国社会福祉協議会『生活保護手帳』, (平成 4 年度, 平成 9 年度, 平成 14 年度), 全

国社会福祉協議会出版部.

[26] 武川正吾(2006)「イギリスの最低所得保障制度」, 栃本十三郎・連合総合生活開発研究所(編)『積極的な最低生活保障の確立-国際比較と展望』, 第Ⅱ部, 第1章, pp.81-104, 第一法規株式会社.

[27] 武川正吾・塩野谷祐一(編)(1999)『先進国の社会保障① イギリス』, 東京大学出版会.

[28] 橘木俊詔・浦川邦夫(2006)『日本の貧困研究』, 東京大学出版会.

[29] 橘木俊詔・浦川邦夫(2007)「日本の貧困と労働に関する実証分析」,『日本労働研究雑誌』, 特集 貧困と労働, No.563, pp.4-19, 独立行政法人労働政策研究・研修機構.

[30] 根本嘉昭(1999)「社会扶助」, 城戸喜子・塩野谷祐一[編]『先進国の社会保障③カナダ』, 第10章, pp.193-208, 東京大学出版会.

[31] 福原宏幸(2008)「稼働能力を持つ貧困者と就労支援政策 -対峙する二つの政策潮流-」,『經濟學雜誌』, 第109巻, 第2号.

[32] 丸山桂(2000)「所得保障(社会扶助)」, 仲村優一・一番ヶ瀬康子(編)『世界の社会福祉 アメリカ カナダ』, 第2部Ⅰ, pp.377-393, 旬報社.

[33] 村上雅俊・岩井浩(2009)「ワーキング・プアの日英比較の試み」,『Sinfonica研究叢書 家計所得の国際比較研究 -「統計分析プロジェクト」研究成果報告-』, pp.113-137.

[34] 村上雅俊・岩井浩(2010)「ワーキングプアの規定と推計」,『統計学』, 第98号, pp.13-24, 経済統計学会.

[35] 村上雅俊(2001).「アメリカにおける貧困基準の新たなアプローチについて」,『千里山経済学』, 第34巻, 第2号, pp.93-109.

[36] 村上雅俊(2011)「ワーキングプアの国際比較-日本とカナダのマイクロ・データを利用して-」,『統計』, 第62巻, 第3号, pp.17-25, 日本統計協会.

[37] 山田篤裕・四方理人・田中聡一郎・駒村康平(2010)「貧困基準の重なり-OECD相対的貧困基準と生活保護基準の重なりと等価尺度の問題-」,『貧困研究』, Vol.4, pp.55-66, 明石書店.

[38] 連合総研(2006)『公正で健全な経済社会への道-2006〜2007年度経済情勢報告』, 第一書林.

[39] Andreß, H.-J., Lohmann, H.(edt.)(2008), *The Working Poor in Europe Employ-*

ment, Poverty and Globalization, Edward Elgar.

[40] Bardone, L., Guio, A.-R.(2005), "In-Work Poverty New commonly agreed indicators at the EU level", *Statistics in focus*, European Communities.

[41] B.C. Government Website, http://www.gov.bc.ca/ （2011 年 5 月 23 日）.

[42] Bluestone, B., Murphy, W.M., Stevenson, M.(1973), *LOW WAGE AND THE WORKING POOR*, The Institute of Labor and Industrial Relations, The University of Michigan-Wayne State University.

[43] Burke, V.(2003) *Cash and Noncash Benefits for Persons with Limited Income: Eligibility Rules, Recipient and Expenditure Data, FY2000-FY2002*, CRS Report for Congress.

[44] Census Bureau Website, [http://www.census.gov/hhes/www/poverty/about/overview/measure.html](2011 年 5 月 23 日).

[45] Census Bureau Website, [http://www.census.gov/hhes/www/poverty/data/threshld/thresh02.html] (2011 年 5 月 23 日).

[46] Chun, R., Punelli, D.(2009) *Minnesota Family Assistance A Guide to Public Programs Providing Assistance to Minnesota Families*, House Research Department.

[47] Citro, C.F. and Michel, R.T.[eds.](1995) *Measuring poverty: A new approach*, National Academy Press.

[48] ESDS(Economic and Social Data Service) Website, [http://www.esds.ac.uk/](2011 年 5 月 23 日).

[49] ESDS General Household Survey Website, [http://nesstar.esds.ac.uk/webview/index.jsp?v=2&mode=documentation&submode=abstract&study=http%3A%2F%2Fnesstar.esds.ac.uk%3A80%2Fobj%2FfStudy%2F4646&top=yes] (2011 年 5 月 23 日)

[50] Government of Alberta Website, [http://alberta.ca/home/] (2011 年 5 月 23 日).

[51] Government of Nova Scotia Website, [http://www.gov.ns.ca/] (2011 年 5 月 23 日).

[52] Government of Saskatchewan Website,[http://www.gov.sk.ca/](2011年5月23日).

[53] Government of Yukon Website, [http://www.gov.yk.ca/] (2011 年 5 月 23 日).

[54] HHS Website,[http://aspe.hhs.gov/poverty/10poverty.shtml](2011 年 5 月 23 日).

[55] HHS Website [http://aspe.hhs.gov/poverty/02poverty.htm] (2011 年 5 月 23 日).

[56] International Labour Organization, LABOSTA Internet Website, [http://laborsta.ilo.org/](2011 年 5 月 23 日).

[57] IPUMS-CPS Website, [http://cps.ipums.org/cps/documentation.shtml] (2011 年 5 月 23 日)

[58] Kamhi, N., Leung, D.(2005), "Recent Developments in Self-Employment in Canada", *Bank of Canada Working Paper 2005-8*, Bank of Canada.

[59] Klein, B.W., Rones, P. L.(1989), "A Profile of the Working Poor", *Monthly Labor Review*, Vol.112, No.10, pp.3-11.

[60] Lagarenne, C., Legendre, N.(2000), "The working poor in France : personal and family factors", *Economie et Statistique*, No.335.

[61] Manitoba Website, [http://www.gov.mb.ca/index.html] (2011 年 5 月 23 日).

[62] National Commission on Employment and Unemployment Statistics (1979) *Counting The Labor Force*, Appendix I,II,II, U.S. Government Printing Office.

[63] National Council of Welfare(2003), "Fact Sheet : Definitions of the Most Common Poverty Lines Used in Canada", [http://www.ncwcnbes.net/documents/researchpublications/OtherFactSheets/PovertyLines/2003DefinitionsPovertyLinesENG.htm] (2011 年 5 月 23 日).

[64] NCW Website [http://www.ncwcnbes.net/en/home.html] (2011 年 5 月 23 日).

[65] ONS(2008), "Income Support Quarterly Statistical Enquiries", ONS Website, [http://www.dwp.gov.uk/asd/isqse.asp.](2011 年 5 月 23 日).

[66] ONS Website, [http://www.statistics.gov.uk/ssd/surveys/general_household_survey.asp] (2011 年 5 月 23 日).

[67] ONS Website, [http://www.statistics.gov.uk/downloads/theme_labour/LFSUG_Vol3.pdf] (2011 年 5 月 23 日).

[68] Ontario Website, [http://www.ontario.ca/en/residents/index.htm] (2011 年 5 月 23

日).

[69] Orshansky, M.(1965) Counting the Poor: Another Look at the Poverty Profile. *Social Security Bulletin.*, 28, pp.3–29.

[70] Placer County California Website,
[http://www.placer.ca.gov/Departments/hhs/public_assistance/GeneralRelief.aspx] (2011 年 5 月 23 日).

[71] Peña-Casas, R. and Latta, M. (2004), *Working poor in the European Union*, European Foundation for the Improvement of Living and Working Conditions.

[72] Snel, E., Boom, J., Engbersen, G.(2008), "The silent transformation of the Dutch welfare state and the rise of in-work poverty, Andre β, H.-J., Lohmann, H.(edt.)(2008), T*he Working Poor in Europe Employment, Poverty and Globalization*, Chp.5, pp.124-154.

[73] Statistics Canada(2008), *Guide to the Labour Force Survey*, Statistics Canada Labour Statistics Division Labour Force Survey Program.

[74] Statistics Canada (2010), Low Income Lines, 2008-2009, Income Research Paper Series, No.005.

[75] Statistics Canada SLID Website,
[http://www.statcan.gc.ca/pub/75f0026x/75f0026x2010000-eng.htm](2011 年 5 月 23 日).

[76] The Government of Québec Website,
[http://www.gouv.qc.ca/portail/quebec/pgs/commun/?lang=en] (2011 年 5 月 23 日).

[77] UKDA(U.K. Data Archive) Website,[http://www.data-archive.ac.uk/](2011 年 5 月 23 日).

付表 3-1　日本のワーキングプアの推計結果（その1）

(単位：実数は(人)、構成比、失業・就労貧困率は(％))

		実数							構成比							失業・就労貧困率		
		失業・就労貧困者			総数			失業・就労貧困者			総数			失業・就労貧困率		
		合計	男性	女性	合計	男性	女性	合計	男性	女性	合計	男性	女性	合計	男性	女性
1997年	総数	2,192,298	1,003,429	1,188,869	55,747,277	32,105,415	23,641,862	100.0	45.8	54.2	100.0	57.6	42.4	3.9	3.1	5.0
	有業者	1,727,448	778,307	949,141	52,153,627	30,844,912	21,308,715	78.8	35.5	43.3	93.6	55.3	38.2	3.3	2.5	4.5
	無業者	464,850	225,122	239,728	3,593,650	1,260,503	2,333,147	21.2	10.3	10.9	6.4	2.3	4.2	12.9	17.9	10.3
年齢	15-24歳	209,128	101,887	107,241	5,984,731	3,032,513	2,952,218	9.5	4.6	4.9	10.7	5.4	5.3	3.5	3.4	3.6
	25-34歳	342,591	155,382	187,209	11,599,609	6,894,123	4,705,486	15.6	7.1	8.5	20.8	12.4	8.4	3.0	2.3	4.0
	35-44歳	454,924	188,139	266,785	10,986,034	6,316,176	4,669,858	20.8	8.6	12.2	19.7	11.3	8.4	4.1	3.0	5.7
	45-54歳	417,941	195,677	222,264	13,566,976	7,611,560	5,955,416	19.1	8.9	10.1	24.3	13.7	10.7	3.1	2.6	3.7
	55-64歳	381,084	163,852	217,232	9,162,280	5,464,597	3,697,683	17.4	7.5	9.9	16.4	9.8	6.6	4.2	3.0	5.9
	65歳以上	386,631	198,492	188,139	4,447,647	2,786,446	1,661,201	17.6	9.1	8.6	8.0	5.0	3.0	8.7	7.1	11.3
学歴	小学・中学	869,683	434,027	435,656	11,297,351	6,612,971	4,684,380	39.7	19.8	19.9	20.3	11.9	8.4	7.7	6.6	9.3
	高校・旧中	1,010,464	425,308	585,156	27,124,654	14,971,163	12,153,491	46.1	19.4	26.7	48.7	26.9	21.8	3.7	2.8	4.8
	短大・高専	175,443	46,038	129,405	7,200,412	2,355,159	4,845,253	8.0	2.1	5.9	12.9	4.2	8.7	2.4	2.0	2.7
	大学・大学院	127,054	94,050	33,004	10,045,396	8,122,888	1,922,508	5.8	4.3	1.5	18.0	14.6	3.4	1.3	1.2	1.7
従業上の地位	常雇	638,509	245,323	393,186	35,136,407	22,061,311	13,075,096	29.1	11.2	17.9	63.0	39.6	23.5	1.8	1.1	3.0
	臨時雇	232,378	70,598	161,780	3,479,736	931,101	2,548,635	10.6	3.2	7.4	6.2	1.7	4.6	6.7	7.6	6.3
	日雇	113,415	63,553	49,862	1,062,430	497,803	564,627	5.2	2.9	2.3	1.9	0.9	1.0	10.7	12.8	8.8
	会社団体等の役員	27,599	21,553	6,046	3,019,870	2,340,955	678,915	1.3	1.0	0.3	5.4	4.2	1.2	0.9	0.9	0.9
	雇人あり自営業主	67,702	50,305	17,397	1,598,246	1,326,436	271,810	3.1	2.3	0.8	2.9	2.4	0.5	4.2	3.8	6.4
	雇人なし自営業主	408,496	290,868	117,628	4,186,823	3,075,624	1,111,199	18.6	13.3	5.4	7.5	5.5	2.0	9.8	9.5	10.6
	自家営業の手伝い	197,025	30,427	166,598	3,195,257	581,232	2,614,025	9.0	1.4	7.6	5.7	1.0	4.7	6.2	5.2	6.4
	家庭で内職	41,746	5,360	36,386	461,711	21,944	439,767	1.9	0.2	1.7	0.8	0.0	0.8	9.0	24.4	8.3
雇用形態	正規の職員・従業員	379,637	214,259	165,378	30,603,664	21,313,264	9,290,400	17.3	9.8	7.5	54.9	38.2	16.7	1.2	1.0	1.8
	パート	348,953	26,010	322,943	5,521,963	339,643	5,182,320	15.9	1.2	14.7	9.9	0.6	9.3	6.3	7.7	6.2
	アルバイト	160,165	80,516	79,649	1,773,772	821,484	952,288	7.3	3.7	3.6	3.2	1.5	1.7	9.0	9.8	8.4
	労働者派遣事業所の派遣職員	18,253	8,786	9,467	766,562	485,426	281,136	0.8	0.4	0.4	1.4	0.9	0.5	2.4	1.8	3.4
	契約社員・嘱託	5,572	835	4,737	194,188	38,669	155,519	0.3	0.0	0.2	0.3	0.1	0.3	2.9	2.2	3.0
	その他	69,613	47,002	22,611	805,952	481,547	324,405	3.2	2.1	1.0	1.4	0.9	0.6	8.6	9.8	7.0
従業員規模	1～4人	881,405	455,586	425,819	11,807,804	6,274,485	5,533,319	40.2	20.8	19.4	21.2	11.3	9.9	7.5	7.3	7.7
	5～9人	162,252	77,365	84,887	4,678,831	2,632,225	2,046,606	7.4	3.5	3.9	8.4	4.7	3.7	3.5	2.9	4.1
	10～19人	139,873	61,432	78,441	4,093,552	2,322,754	1,770,798	6.4	2.8	3.6	7.3	4.2	3.2	3.4	2.6	4.4
	20～29人	77,426	30,755	46,671	2,435,634	1,416,760	1,018,874	3.5	1.4	2.1	4.4	2.5	1.8	3.2	2.2	4.6
	30～49人	80,280	31,838	48,442	2,894,951	1,696,674	1,198,277	3.7	1.5	2.2	5.2	3.0	2.1	2.8	1.9	4.0
	50～99人	96,488	33,528	62,960	3,862,406	2,253,345	1,609,061	4.4	1.5	2.9	6.9	4.0	2.9	2.5	1.5	3.9
	100～299人	107,485	33,353	74,132	5,428,717	3,200,650	2,228,067	4.9	1.5	3.4	9.7	5.7	4.0	2.0	1.0	3.3
	300～499人	34,429	11,181	23,248	2,178,379	1,356,459	821,920	1.6	0.5	1.1	3.9	2.4	1.5	1.6	0.8	2.8
	500～999人	28,489	8,528	19,961	2,319,954	1,489,901	830,053	1.3	0.4	0.9	4.2	2.7	1.5	1.2	0.6	2.4
	1000人以上	75,514	16,947	58,567	7,898,833	5,381,529	2,517,304	3.4	0.8	2.7	14.2	9.7	4.5	1.0	0.3	2.3
	官公庁	26,822	8,116	18,706	4,342,825	2,703,437	1,639,388	1.2	0.4	0.9	7.8	4.8	2.9	0.6	0.3	1.1

(出所)『就業構造基本調査』秘匿処理済みミクロデータより作成。

付表3-1 日本のワーキングプアの推計結果（その2）

(単位：実数は(人)、構成比、失業・就労貧困率は(%))

		実数						構成比						失業・就労貧困率		
		合計	失業・就労貧困者		総数			失業			就労貧困者			総数			失業・就労貧困率		
		合計	合計	男性	女性	合計	男性	女性	合計	男性	女性	合計	男性	女性	合計	男性	女性	合計	男性	女性
2002年	総数	3,396,023	1,632,366	1,763,657	54,869,206	31,503,113	23,366,093	100.0	48.1	51.9	100.0	57.4	42.6	6.2	5.2	7.5
	有業者	2,514,104	1,155,972	1,358,132	50,626,890	29,710,355	20,916,535	92.3	34.0	40.0	74.0	54.1	38.1	5.0	3.9	6.5
	無業者	881,919	476,394	405,525	4,242,316	1,792,758	2,449,558	7.7	14.0	11.9	26.0	3.3	4.5	20.8	26.6	16.6
年齢	15～24歳	285,415	143,547	141,868	4,614,405	2,316,629	2,297,776	8.4	4.2	4.2	8.4	4.2	4.2	6.2	6.2	6.2
	25～34歳	631,924	290,954	340,970	12,543,311	7,275,253	5,268,058	18.6	8.6	10.0	22.9	13.3	9.6	5.0	4.0	6.5
	35～44歳	697,219	295,091	402,128	10,924,039	6,256,805	4,667,234	20.5	8.7	11.8	19.9	11.4	8.5	6.4	4.7	8.6
	45～54歳	701,956	360,997	340,959	12,897,538	7,245,792	5,651,746	20.7	10.6	10.0	23.5	13.2	10.3	5.4	5.0	6.0
	55～64歳	585,143	285,409	299,734	9,298,171	5,539,995	3,758,176	17.2	8.4	8.8	16.9	10.1	6.8	6.3	5.2	8.0
	65歳以上	494,366	256,368	237,998	4,591,743	2,868,639	1,723,104	14.6	7.5	7.0	8.4	5.2	3.1	10.8	8.9	13.8
学歴	小学・中学	1,123,686	594,719	528,967	9,391,897	5,629,029	3,762,868	33.1	17.5	15.6	17.1	10.3	6.9	12.0	10.6	14.1
	高校・旧中	1,646,907	736,638	910,269	25,552,248	14,233,636	11,318,612	48.5	21.7	26.8	46.6	25.9	20.6	6.4	5.2	8.0
	短大・高専	354,198	106,328	247,870	8,395,545	2,717,375	5,678,170	10.4	3.1	7.3	15.3	5.0	10.3	4.2	3.9	4.4
	大学・大学院	262,336	190,671	71,665	11,460,046	8,888,784	2,571,262	7.7	5.6	2.1	20.9	16.2	4.7	2.3	2.1	2.8
	不詳	2,960	1565	1395	44,560	22481	22079	0.1	0.0	0.0	0.1	0.0	0.0	6.6	7.0	6.3
	在学したことがない	5,937	2445	3492	24,910	11809	13101	0.2	0.1	0.1	0.0	0.0	0.0	23.8	20.7	26.7
従業上の地位	常雇	1,007,133	384,700	622,433	33,809,196	20,955,322	12,853,874	29.7	11.3	18.3	61.6	38.2	23.4	3.0	1.8	4.8
	臨時雇	404,323	136,801	267,522	4,469,563	1,260,062	3,209,501	11.9	4.0	7.9	8.1	2.3	5.8	9.0	10.9	8.3
	日雇	162,749	93,762	68,987	1,152,311	557,655	594,656	4.8	2.8	2.0	2.1	1.0	1.1	14.1	16.8	11.6
	会社団体等の役員	53,622	41,231	12,391	3,091,479	2,349,817	741,662	1.6	1.2	0.4	5.6	4.3	1.4	1.7	1.8	1.7
	雇人あり自営業主	97,858	72,725	25,133	1,432,140	1,185,667	246,473	2.9	2.1	0.7	2.6	2.2	0.4	6.8	6.1	10.2
	雇人なし自営業主	515,711	379,689	136,022	3,890,282	2,890,284	999,998	15.2	11.2	4.0	7.1	5.3	1.8	13.3	13.1	13.6
	自家営業の手伝い	227,905	39,059	188,846	2,452,086	454,130	1,997,956	6.7	1.2	5.6	4.5	0.8	3.6	9.3	8.6	9.5
	家庭で内職	39,593	5,263	34,330	263,696	16,024	247,672	1.2	0.2	1.0	0.5	0.0	0.5	15.0	32.8	13.9
雇用形態	正規の職員・従業員	489,069	290,646	198,423	27,501,196	19,464,039	8,037,157	14.4	8.6	5.8	50.1	35.5	14.6	1.8	1.5	2.5
	パート	572,404	47,842	524,562	6,229,332	488,588	5,740,744	16.9	1.4	15.4	11.4	0.9	10.5	9.2	9.8	9.1
	アルバイト	299,664	161,934	137,730	2,352,380	1,143,837	1,208,543	8.8	4.8	4.1	4.3	2.1	2.2	12.7	14.2	11.4
	労働者派遣事業の派遣職員	27,864	7,652	20,212	565,364	163,122	402,242	0.8	0.2	0.6	1.0	0.3	0.7	4.9	4.7	5.0
	契約社員・嘱託	95,771	45,968	49,968	1,984,667	1,046,307	938,360	2.8	1.3	1.5	3.6	1.9	1.7	4.8	4.4	5.3
	その他	82,564	56,075	26,489	738,984	427,032	311,952	2.4	1.7	0.8	1.3	0.8	0.6	11.2	13.1	8.5
従業員規模	1～4人	1,124,255	622,242	502,013	10,815,767	6,084,018	4,731,749	33.1	18.3	14.8	19.7	11.1	8.6	10.4	10.2	10.6
	5～9人	243,963	122,632	121,331	4,324,933	2,420,339	1,904,594	7.2	3.6	3.6	7.9	4.4	3.5	5.6	5.1	6.4
	10～19人	211,164	94,282	116,882	3,948,835	2,267,289	1,681,546	6.2	2.8	3.4	7.2	4.1	3.1	5.3	4.2	7.0
	20～29人	111,558	46,139	65,419	2,379,921	1,350,086	1,029,835	3.3	1.4	1.9	4.3	2.5	1.9	4.7	3.4	6.4
	30～49人	127,714	50,243	77,471	2,710,300	1,558,877	1,151,423	3.8	1.5	2.3	4.9	2.8	2.1	4.7	3.2	6.7
	50～99人	160,264	56,653	103,611	3,701,617	2,084,249	1,617,368	4.7	1.6	3.1	6.7	3.8	2.9	4.3	2.7	6.4
	100～299人	174,697	54,551	120,146	5,392,833	3,095,321	2,297,512	5.1	1.6	3.5	9.8	5.6	4.2	3.2	1.8	5.2
	300～499人	59,812	17,683	42,129	2,237,728	1,331,908	905,820	1.8	0.5	1.2	4.1	2.4	1.7	2.7	1.3	4.7
	500～999人	62,061	20,915	41,146	2,520,783	1,563,693	957,090	1.8	0.6	1.2	4.6	2.8	1.7	2.5	1.3	4.3
	1000人以上	150,307	38,743	111,564	7,722,214	5,059,047	2,663,167	4.4	1.1	3.3	14.1	9.2	4.9	1.9	0.8	4.2
	官公庁	48,493	13,494	34,999	4,369,863	2,641,076	1,728,787	1.4	0.4	1.0	8.0	4.8	3.2	1.1	0.5	2.0

(出所) 『就業構造基本調査』秘匿処理済みミクロデータより作成。

付表3－2　イギリスのワーキングプアの推計結果（その1）

(単位：実数は(人)、構成比、失業・就労貧困率は(%))

		実数							構成比						失業・就業貧困率		
		失業・就労貧困者			総数			失業・就労貧困者			総数			失業・就業貧困率			
		合計	男性	女性	合計	男性	女性	合計	男性	女性	合計	男性	女性	合計	男性	女性
1997年	総数	652	372	280	8,120	4,501	3,619	100	57.1	42.9	100	55.4	44.6	8.0	8.3	7.7
	年齢															
	16～24歳	76	42	34	876	482	394	11.7	6.4	5.2	10.8	5.9	4.9	8.7	8.7	8.6
	25～34歳	178	105	73	2,213	1,203	1,010	27.3	16.1	11.2	27.3	14.8	12.4	8.0	8.7	7.2
	35～44歳	160	92	68	2,166	1,205	961	24.5	14.1	10.4	26.7	14.8	11.8	7.4	7.6	7.1
	45～54歳	147	76	71	1,902	1,035	867	22.5	11.7	10.9	23.4	12.7	10.7	7.7	7.3	8.2
	55～64歳	82	50	32	833	498	335	12.6	7.7	4.9	10.3	6.1	4.1	9.8	10.0	9.6
	65歳以上	9	7	2	130	78	52	1.4	1.1	0.3	1.6	1.0	0.6	6.9	9.0	3.8
	学歴															
	小・中・高(ELEM SEC SCHOOL)	395	229	166	4,323	2,497	1,826	60.6	35.1	25.5	53.2	30.8	22.5	9.1	9.2	9.1
	大学	38	19	19	903	550	353	5.8	2.9	2.9	11.1	6.8	4.3	4.2	3.5	5.4
	職業訓練大学・学校	7	2	5	199	44	155	1.1	0.3	0.8	2.5	0.5	1.9	3.5	4.5	3.2
	看護学校・総合教育病院	32	18	14	464	267	197	4.9	2.8	2.1	5.7	3.3	2.4	6.9	6.7	7.1
	他の大学	82	48	34	1,231	584	647	12.6	7.4	5.2	15.2	7.2	8.0	6.7	8.2	5.3
	学校に通ったことがない	1	0	1	2	0	2	0.2	0.0	0.2	0.0	0.0	0.0	50.0	0.0	50.0
	雇用形態															
	フルタイム	187	128	59	5,095	3,325	1,770	28.7	19.6	9.0	62.7	40.9	21.8	3.7	3.8	3.3
	パートタイム	128	12	116	1,603	162	1,441	19.6	1.8	17.8	19.7	2.0	17.7	8.0	7.4	8.0
	雇用者(時間が分からない)	3	2	1	13	9	4	0.5	0.3	0.2	0.2	0.1	0.0	23.1	22.2	25.0
	自営業	80	55	25	823	607	216	12.3	8.4	3.8	10.1	7.5	2.7	9.7	9.1	11.6
	政府計画従事者(雇用者のもと)	7	3	4	37	24	13	1.1	0.5	0.6	0.5	0.3	0.2	18.9	12.5	30.8
	失業者	247	172	75	549	374	175	37.9	26.4	11.5	6.8	4.6	2.2	45.0	46.0	42.9
	従業員規模															
	1～2人	16	7	9	198	83	115	2.5	1.1	1.4	2.4	1.0	1.4	8.1	8.4	7.8
	3～24人	108	44	64	1,906	854	1,052	16.6	6.7	9.8	23.5	10.5	13.0	5.7	5.2	6.1
	25～99人	94	35	59	1,793	938	855	14.4	5.4	9.0	22.1	11.6	10.5	5.2	3.7	6.9
	100～499人	56	31	25	1,631	974	657	8.6	4.8	3.8	20.1	12.0	8.1	3.4	3.2	3.8
	500～999人	22	10	12	475	265	210	3.4	1.5	1.8	5.8	3.3	2.6	4.6	3.8	5.7
	1000人以上	26	17	9	668	355	313	4.0	2.6	1.4	8.2	4.4	3.9	3.9	4.8	2.9
	分からない。25人未満	0	0	0	20	11	9	0.0	0.0	0.0	0.2	0.1	0.1	0.0	0.0	0.0
	分からない。25人以上	3	1	2	49	34	15	0.5	0.2	0.3	0.6	0.4	0.2	6.1	2.9	13.3
	他	0	0	0	1	1	0	0.0	0.0	0.0	0.0	0.0	0.0	0.0	0.0	0.0

(出所)　Economic and Social Data Service, General Household Survey Microdata より作成。

付表3-2　イギリスのワーキングプアの推計結果（その2）

(単位：実数は(人)、構成比、失業・就業貧困率は(%))

		実数						構成比						失業・就業貧困率		
		失業・就労貧困者			総数			失業・就労貧困者			総数			失業		就業貧困率
		合計	男性	女性	合計	男性	女性	合計	男性	女性	合計	男性	女性	合計	男性	女性
2002年	総数	1,705,694	1,034,174	671,520	23,394,660	12,841,192	10,553,468	100	60.6	39.4	100	54.9	45.1	7.3	8.1	6.4
年齢	16～24歳	208,539	118,040	90,499	2,710,511	1,379,112	1,331,399	12.2	6.9	5.3	11.6	5.9	5.7	7.7	8.6	6.8
	25～34歳	339,250	205,309	133,941	5,910,133	3,294,157	2,615,976	19.9	12.0	7.9	25.3	14.1	11.2	5.7	6.2	5.1
	35～44歳	538,832	331,498	207,334	6,505,140	3,655,022	2,850,118	31.6	19.4	12.2	27.8	15.6	12.2	8.3	9.1	7.3
	45～54歳	398,978	229,492	169,486	5,135,490	2,664,225	2,471,265	23.4	13.5	9.9	22.0	11.4	10.6	7.8	8.6	6.9
	55～64歳	201,694	137,280	64,414	2,783,202	1,634,447	1,148,755	11.8	8.0	3.8	11.9	7.0	4.9	7.2	8.4	5.6
	65歳以上	18,401	12,555	5,846	350,184	214,229	135,955	1.1	0.7	0.3	1.5	0.9	0.6	5.3	5.9	4.3
学歴	上級学位(大学院卒、HIGHER DEGREE)	41,485	26,642	14,843	1,203,580	724,196	479,384	2.4	1.6	0.9	5.1	3.1	2.0	3.4	3.7	3.1
	学士(学部卒、First Degree)	113,450	71,146	42,304	3,096,295	1,739,215	1,357,080	6.7	4.2	2.5	13.2	7.4	5.8	3.7	4.1	3.1
	教員資格(TEACHING QUALIFICATION)	16,625	5,247	11,378	339,721	108,147	231,574	1.0	0.3	0.7	1.5	0.5	1.0	4.9	4.9	4.9
	他の上級資格(OTHER HIGHER QUALIFICATION)	90,841	61,948	28,893	1,789,624	1,069,040	720,584	5.3	3.6	1.7	7.6	4.6	3.1	5.1	5.8	4.0
	看護資格(NURSING QUALIFICATION)	12,987	0	12,987	373,038	45,823	327,215	0.8	0.0	0.8	1.6	0.2	1.4	3.5	0.0	4.0
	一般中等教育修了資格[GCSE]、5科目以上についてAdvancedレベル	137,979	94,516	43,463	2,720,115	1,685,458	1,034,657	8.1	5.5	2.5	11.6	7.2	4.4	5.1	5.6	4.2
	一般中等教育修了資格(上級、一科目についてAdvancedレベル)	29,615	14,028	15,587	645,734	250,777	394,957	1.7	0.8	0.9	2.8	1.1	1.7	4.6	5.6	3.9
	一般中等教育修了資格[GCSE]、5科目以上について	187,103	90,915	96,188	2,999,730	1,642,481	1,357,249	11.0	5.3	5.6	12.8	7.0	5.8	6.2	5.5	7.1
	一般中等教育修了資格[GCSE]、1～4科目について	139,467	74,463	65,004	1,974,403	1,065,002	909,401	8.2	4.4	3.8	8.4	4.6	3.9	7.1	7.0	7.1
	一般中等教育修了資格[GCSE、Ordinaryレベル]以下	137,276	59,583	77,693	2,389,552	998,656	1,390,896	8.0	3.5	4.6	10.2	4.3	5.9	5.7	6.0	5.6
	養成訓練制度	10,125	8,138	1,987	203,366	181,410	21,956	0.6	0.5	0.1	0.9	0.8	0.1	5.0	4.5	9.0
	他の資格	83,344	51,343	32,001	826,992	470,473	356,519	4.9	3.0	1.9	3.5	2.0	1.5	10.1	10.9	9.0
	資格なし	328,727	149,360	179,367	3,363,443	1,796,684	1,566,759	19.3	8.8	10.5	14.4	7.7	6.7	9.8	8.3	11.4
	他	376,672	326,848	49,824	1,469,071	1,063,834	405,237	22.1	19.2	2.9	6.3	4.5	1.7	25.6	30.7	12.3

(出所) Economic and Social Data Service, General Household Survey Microdata より作成。

付表3-2 イギリスのワーキングプアの推計結果(その3)

(単位:実数は(人),失業・就労貧困率は(%))

	実数						構成比						失業・就労貧困率		
	失業・就労貧困者			総数			失業・就労貧困者			総数			失業・就労貧困率		
	合計	男性	女性	合計	男性	女性	合計	男性	女性	合計	男性	女性	合計	男性	女性
雇用形態															
フルタイム	613,667	478,608	135,059	15,081,329	9,595,996	5,485,333	36.0	28.1	7.9	64.5	41.0	23.4	4.1	5.0	2.5
パートタイム	340,169	46,624	293,545	4,765,619	723,573	4,042,046	19.9	2.7	17.2	20.4	3.1	17.3	7.1	6.4	7.3
雇用者(時間が分からない)	3,732	3,732	0	20,219	13,722	6,497	0.2	0.2	0.0	0.1	0.1	0.0	18.5	27.2	0.0
自営業	338,917	254,732	84,185	2,619,250	1,935,846	683,404	19.9	14.9	4.9	11.2	8.3	2.9	12.9	13.2	12.3
政府計画従事者	8,800	6,799	2,001	34,729	24,395	10,334	0.5	0.4	0.1	0.1	0.1	0.0	25.3	27.9	19.4
失業者	400,405	243,678	156,727	873,511	547,659	325,852	23.5	14.3	9.2	3.7	2.3	1.4	45.8	44.5	48.1
従業員規模(自営業者除く)															
1~2人	44,346	15,753	28,593	320,648	320,243	406,063	2.6	0.9	1.7	3.1	1.4	1.7	6.2	4.9	7.0
3~24人	297,983	143,760	154,223	2,682,716	2,682,716	2,916,566	17.5	8.4	9.0	23.7	11.5	12.5	5.4	5.4	5.3
25~99人	290,777	142,334	148,443	2,832,605	2,832,605	2,639,841	17.0	8.3	8.7	23.2	12.1	11.3	5.4	5.0	5.6
100~499人	174,175	125,711	48,464	4,725,469	2,753,077	2,025,247	10.2	7.4	2.8	20.2	11.8	8.7	3.7	4.6	2.4
500~999人	77,659	51,651	26,008	1,354,213	723,757	638,755	4.6	3.0	1.5	5.8	3.1	2.7	5.7	7.1	4.1
1000人以上	66,952	44,887	22,065	2,078,176	1,108,945	993,165	3.9	2.6	1.3	8.9	4.7	4.2	3.2	4.0	2.2
分からない。25人未満	0	0	0	5,037	3,301	1,736	0.0	0.0	0.0	0.0	0.0	0.0	0.0	0.0	0.0
分からない。25~499人	1,922	1,922	0	6,768	4,602	2,166	0.1	0.1	0.0	0.0	0.0	0.0	28.4	41.8	0.0
該当なし	12,557	9,747	2,810	50,883	19,587	31,296	0.7	0.6	0.2	0.2	0.1	0.1	24.7	49.8	9.0

(注) 1997年については、復元倍率がないため、個票数で表示している。

(出所) Economic and Social Data Service, General Household Survey Microdata より作成。

付表3－3　カナダのワーキングプアの推計結果（その1）

(単位：実数は(人)、構成比、失業・就労貧困率は(％))

	実数						構成比						失業・就労貧困率		
	失業・就労貧困者			総数			失業・就労貧困者			総数			失業	就労貧困率	
	合計	男性	女性	合計	男性	女性	合計	男性	女性	合計	男性	女性	合計	男性	女性
1997年 総数	1,948,778	1,040,406	908,372	14,082,609	7,697,294	6,385,315	100.0	53.4	46.6	100.0	54.7	45.3	13.8	13.5	14.2
年齢															
16-24歳	311,647	155,817	155,830	1,281,698	706,552	575,146	16.0	8.0	8.0	9.1	5.0	4.1	24.3	22.1	27.1
25-34歳	548,182	290,497	257,685	3,709,532	1,980,495	1,729,037	28.1	14.9	13.2	26.3	14.1	12.3	14.8	14.7	14.9
35-44歳	532,449	275,313	257,136	4,384,107	2,345,083	2,039,024	27.3	14.1	13.2	31.1	16.7	14.5	12.1	11.7	12.6
45-54歳	375,367	211,443	163,924	3,284,540	1,777,940	1,506,600	19.3	10.9	8.4	23.3	12.6	10.7	11.4	11.9	10.9
55-64歳	164,697	94,858	69,839	1,268,785	783,108	485,677	8.5	4.9	3.6	9.0	5.6	3.4	13.0	12.1	14.4
65歳以上	16,436	12,478	3,958	153,947	104,116	49,831	0.8	0.6	0.2	1.1	0.7	0.4	10.7	12.0	7.9
学歴															
在学したことがない	6,219	2,576	3,643	18,380	11,572	6,808	0.3	0.1	0.2	0.1	0.1	0.0	33.8	22.3	53.5
小学校(1～4年)	8,272	5,521	2,751	43,761	28,009	15,752	0.4	0.3	0.1	0.3	0.2	0.1	18.9	19.7	17.5
小学校(5～8年)	170,474	97,349	73,125	706,280	467,416	238,864	8.7	5.0	3.8	5.0	3.3	1.7	24.1	20.8	30.6
小学校・中学校(9～10年)	216,835	125,367	91,468	1,081,445	676,007	405,438	11.1	6.4	4.7	7.7	4.8	2.9	20.1	18.5	22.6
小学校・中学校(11～13年、卒業なし)	119,491	65,145	54,346	602,922	369,462	233,460	6.1	3.3	2.8	4.3	2.6	1.7	19.8	17.6	23.3
高校卒業	333,198	157,849	175,349	2,453,827	1,262,296	1,191,531	17.1	8.1	9.0	17.4	9.0	8.5	13.6	12.5	14.7
職業訓練学校(修了なし)	239,000	129,583	109,417	1,307,656	723,206	584,450	12.3	6.6	5.6	9.3	5.1	4.2	18.3	17.9	18.7
大学修了なし	111,333	62,162	49,171	638,133	372,212	265,921	5.7	3.2	2.5	4.5	2.6	1.9	17.4	16.7	18.5
職業訓練学校(修了)	524,883	280,000	244,883	4,536,045	2,365,832	2,170,213	26.9	14.4	12.6	32.2	16.8	15.4	11.6	11.8	11.3
大学修了(学士号なし<University certificate below Bachelor's degree>)	28,534	11,142	17,392	276,361	124,512	151,849	1.5	0.6	0.9	2.0	0.9	1.1	10.3	8.9	11.5
大学修了(学士号あり<Bachelor's degree>)	124,258	60,525	63,733	1,631,238	829,107	802,131	6.4	3.1	3.3	11.6	5.9	5.7	7.6	7.3	7.9
大学・大学院修了以上	63,931	41,795	22,136	779,919	464,256	315,663	3.3	2.1	1.1	5.5	3.3	2.2	8.2	9.0	7.0
分からない。															
雇用形態															
年間を通じてフルタイム	619,198	365,310	253,888	8,508,849	5,177,226	3,331,623	31.8	18.7	13.0	60.4	36.8	23.7	7.3	7.1	7.6
年間を通じてパートタイム	196,426	80,191	116,235	1,238,014	290,847	947,167	10.1	4.1	6.0	8.8	2.1	6.7	15.9	27.6	12.3
一時期フルタイム、一時期パートタイム	62,978	29,541	33,437	348,747	116,294	232,453	3.2	1.5	1.7	2.5	0.8	1.7	18.1	25.4	14.4
一時期フルタイム	158,870	97,801	61,069	805,208	514,536	290,672	8.2	5.0	3.1	5.7	3.7	2.0	19.7	19.0	21.0
一時期パートタイム	156,036	58,135	97,901	565,836	167,589	398,247	8.0	3.0	5.0	4.0	1.2	2.8	27.6	34.7	24.6
一時期にパートタイムとフルタイム	268,806	138,396	130,410	1,221,845	657,840	564,005	13.8	7.1	6.7	8.7	4.7	4.0	22.0	21.0	23.1
年間を通じて働いていない	350,630	181,458	169,172	649,269	328,730	320,539	18.0	9.3	8.7	4.6	2.3	2.3	54.0	55.2	52.8
分からない															
自営業(法人)	104,940	75,764	29,176	745,617	536,369	209,248	5.4	3.9	1.5	5.3	3.8	1.5	14.1	14.1	13.9
自営業(非法人)	393,807	247,856	145,951	1,673,071	1,041,556	631,515	20.2	12.7	7.5	11.9	7.4	4.5	23.5	23.8	23.1

(出所) Statistics Canada, Survey of Labor and Income Dynamics Public Use Microdata Fileより作成。

付表3-3 カナダのワーキングプアの推計結果（その2）

(単位：実数は(人)、構成比、失業・就労貧困率は(%))

	実数									構成比									失業・就労貧困率						
	失業・就労貧困者			総数			失業			就労貧困者			総数			失業			就労貧困者			失業			就労貧困率	
	合計	男性	女性	合計	男性	女性	合計	男性	女性	合計	男性	女性	合計	男性	女性	合計	男性	女性	合計	男性	女性	合計	男性	女性		
従業員規模																										
20人未満	893,422	516,428	376,994	4,746,531	2,655,168	2,091,363	45.8	26.5	19.3	33.7	18.9	14.9	18.8	19.4	18.0											
20～99人	232,054	114,544	117,510	1,980,764	1,099,346	881,418	11.9	5.9	6.0	14.1	7.8	6.3	11.7	10.4	13.3											
100～499人	131,651	75,629	56,022	1,650,772	906,322	744,450	6.8	3.9	2.9	11.7	6.4	5.3	8.0	8.3	7.5											
500～999人	64,956	33,407	31,549	999,810	499,214	500,596	3.3	1.7	1.6	7.1	3.5	3.6	6.5	6.7	6.3											
1000人以上	228,559	98,983	129,576	3,792,503	2,067,180	1,725,323	11.7	5.1	6.6	26.9	14.7	12.3	6.0	4.8	7.5											
分からない	-	-	-	-	-	-	-	-	-	-	-	-	-	-	-											
回答拒否	-	-	-	-	-	-	-	-	-	-	-	-	-	-	-											
該当なし	-	-	-	-	-	-	-	-	-	-	-	-	-	-	-											
2002年 総数	1,564,665	859,194	705,471	15,218,498	8,260,390	6,958,108	100.0	54.9	45.1	100.0	54.3	45.7	10.3	10.4	10.1											
年齢																										
16-24歳	261,147	145,549	115,598	1,488,911	818,574	670,337	16.7	9.3	7.4	9.8	5.4	4.4	17.5	17.8	17.2											
25-34歳	357,647	191,114	166,533	3,548,888	1,934,099	1,614,789	22.9	12.2	10.6	23.3	12.7	10.6	10.1	9.9	10.3											
35-44歳	436,132	238,316	197,816	4,490,293	2,392,861	2,097,432	27.9	15.2	12.6	29.5	15.7	13.8	9.7	10.0	9.4											
45-54歳	302,594	159,057	143,537	3,827,637	2,020,211	1,807,426	19.3	10.2	9.2	25.2	13.3	11.9	7.9	7.9	7.9											
55-64歳	184,655	112,164	72,491	1,677,602	983,255	694,347	11.8	7.2	4.6	11.0	6.5	4.6	11.0	11.4	10.4											
65歳以上	22,490	12,994	9,496	185,167	111,390	73,777	1.4	0.8	0.6	1.2	0.7	0.5	12.1	11.7	12.9											
学歴																										
在学したことがない	8,336	5,767	2,569	16,950	7,630	9,320	0.5	0.4	0.2	0.1	0.1	0.1	49.2	75.6	27.6											
小学校(1～4年)	6,117	4,511	1,606	63,965	33,773	30,192	0.4	0.3	0.1	0.4	0.2	0.2	9.6	13.4	5.3											
小学校(5～8年)	113,881	73,176	40,705	584,639	368,934	215,705	7.3	4.7	2.6	3.8	2.4	1.4	19.5	19.8	18.9											
小学校・中学校(9～10年)	130,883	83,398	47,485	977,051	611,539	365,512	8.4	5.3	3.0	6.4	4.0	2.4	13.4	13.6	13.0											
小学校・中学校(11～13年、卒業なし)	89,283	49,983	39,300	626,389	377,841	248,548	5.7	3.2	2.5	4.1	2.5	1.6	14.3	13.2	15.8											
高校卒業	276,822	172,025	104,797	2,621,409	1,471,853	1,149,556	17.7	11.0	6.7	17.2	9.7	7.6	10.6	11.7	9.1											
職業訓練学校(修了なし)	173,296	85,650	87,646	1,333,523	714,451	619,072	11.1	5.5	5.6	8.8	4.7	4.1	13.0	12.0	14.2											
大学(修了なし)	73,811	47,369	26,442	627,284	351,432	275,852	4.7	3.0	1.7	4.1	2.3	1.8	11.8	13.5	9.6											
職業訓練学校(修了)	462,383	216,628	245,755	5,086,736	2,608,550	2,478,186	29.6	13.8	15.7	33.4	17.1	16.3	9.1	8.3	9.9											
大学修了(学士号なし)<University certificate below Bachelor's degree>	17,686	7,499	10,187	302,813	147,536	155,277	1.1	0.5	0.7	2.0	1.0	1.0	5.8	5.1	6.6											
大学修了(学士号あり)<Bachelor's degree>	155,438	78,553	76,885	2,063,300	1,028,630	1,034,670	9.9	5.0	4.9	13.6	6.8	6.8	7.5	7.6	7.4											
大学大学院修了以上	54,813	33,295	21,518	879,555	519,316	360,239	3.5	2.1	1.4	5.8	3.4	2.4	6.2	6.4	6.0											
分からない。	1,915	1,339	576	34,883	18,903	15,980	0.1	0.1	0.0	0.2	0.1	0.1	5.5	7.1	3.6											

(出所) Statistics Canada, Survey of Labor and Income Dynamics Public Use Microdata File より作成。

付表3-3 カナダのワーキングプアの推計結果（その3）

(単位：実数は(人)、構成比、失業・就労貧困率は（％）)

	実数						構成比						失業・就労貧困率		
	失業・就労貧困者			総数			失業・就労貧困者			総数			失業・就労貧困率		
	合計	男性	女性	合計	男性	女性	合計	男性	女性	合計	男性	女性	合計	男性	女性
雇用形態															
年間を通じてフルタイム	519,800	331,259	188,541	9,805,318	5,852,590	3,952,728	33.2	21.2	12.0	64.4	38.5	26.0	5.3	5.7	4.8
年間を通じてパートタイム	182,255	73,263	108,992	1,269,056	288,315	980,741	11.6	4.7	7.0	8.3	1.9	6.4	14.4	25.4	11.1
一時期フルタイム、一時期パートタイム	42,983	14,138	28,845	353,826	111,871	241,955	2.7	0.9	1.8	2.3	0.7	1.6	12.1	12.6	11.9
一時期フルタイム	97,031	52,711	44,320	651,657	399,334	252,323	6.2	3.4	2.8	4.3	2.6	1.7	14.9	13.2	17.6
一時期パートタイム	113,646	46,586	67,060	435,175	121,642	313,533	7.3	3.0	4.3	2.9	0.8	2.1	26.1	38.3	21.4
一時期にパートタイムとフルタイム	236,755	128,025	108,730	1,367,875	752,762	615,113	15.1	8.2	6.9	9.0	4.9	4.0	17.3	17.0	17.7
年間を通じて働いていない	255,482	136,989	118,493	529,838	265,621	264,217	16.3	8.8	7.6	3.5	1.7	1.7	48.2	51.6	44.8
自営業(法人)	116,714	76,223	40,491	805,753	468,255	337,498	7.5	4.9	2.6	5.3	3.1	2.2	14.5	16.3	12.0
自営業(非法人)	114,385	72,534	41,851	866,829	605,401	261,428	7.3	4.6	2.7	5.7	4.0	1.7	13.2	12.0	16.0
	324,913	211,303	113,610	1,744,909	1,057,805	687,104	20.8	13.5	7.3	11.5	7.0	4.5	18.6	20.0	16.5
従業員規模															
20人未満	682,313	398,003	284,310	4,593,307	2,538,365	2,054,942	43.6	25.4	18.2	30.2	16.7	13.5	14.9	15.7	13.8
20～99人	169,920	94,302	75,618	2,234,231	1,264,227	970,004	10.9	6.0	4.8	14.7	8.3	6.4	7.6	7.5	7.8
100～499人	96,813	58,131	38,682	1,736,463	937,233	799,230	6.2	3.7	2.5	11.4	6.2	5.3	5.6	6.2	4.8
500～999人	32,566	16,326	16,240	807,288	417,535	389,753	2.1	1.0	1.0	5.3	2.7	2.6	4.0	3.9	4.2
1000人以上	167,143	79,667	87,476	4,167,757	2,260,647	1,907,110	10.7	5.1	5.6	27.4	14.9	12.5	4.0	3.5	4.6
分からない	159,666	75,776	83,890	1,141,904	571,757	570,147	10.2	4.8	5.4	7.5	3.8	3.7	14.0	13.3	14.7
回答拒否	764	0	764	7,977	5,271	2,706	0.0	0.0	0.0	0.1	0.0	0.0	9.6	0.0	28.2
該当なし	255,482	136,989	118,493	529,571	265,354	264,217	16.3	8.8	7.6	3.5	1.7	1.7	48.2	51.6	44.8

注1：自営業については、法人と非法人で一部重複が含まれる。
注2：雇用形態のフルタイム、パートタイムの別の中には、被雇用者、自営業主が含まれる。
注3："This analysis is based on Statistics Canada Microdata file (SLID PUMF 1997, 2002) which contains anonymized data collected in the 1997, 2002 Survey of Labour and Income Dynamics. All computations on these microdata were prepared by RISS Kansai University and the responsibility for the use and interpretation of these data is entirely that of the author(s)"

(出所) Statistics Canada, Survey of Labor and Income Dynamics Public Use Microdata File より作成。

付表 3-4 アメリカのワーキングプアの推計結果（その1）

(単位：実数は（人）、構成比、失業・就労貧困率は（％）)

		実数						構成比						失業・就労貧困率		
		失業・就労貧困者			総数			失業・就労貧困者			総数			失業・就労貧困率		
		合計	男性	女性	合計	男性	女性	合計	男性	女性	合計	男性	女性	合計	男性	女性
1997年	総数	7,968,223	3,734,119	4,234,104	131,330,513	71,027,060	60,303,453	100.0	46.9	53.1	100.0	54.1	45.9	6.1	5.3	7.0
	年齢															
	16-24歳	2,133,254	943,387	1,189,867	18,066,200	9,304,493	8,761,707	26.8	11.8	14.9	13.8	7.1	6.7	11.8	10.1	13.6
	25-34歳	2,276,492	1,093,065	1,183,427	32,334,103	17,946,977	14,387,126	28.6	13.7	14.9	24.6	13.7	11.0	7.0	6.1	8.2
	35-44歳	1,970,624	876,026	1,094,598	36,642,831	19,897,739	16,745,092	24.7	11.0	13.7	27.9	15.2	12.8	5.4	4.4	6.5
	45-54歳	954,946	499,418	455,528	27,672,777	14,762,967	12,909,810	12.0	6.3	5.7	21.1	11.2	9.8	3.5	3.4	3.5
	55-64歳	506,539	244,530	262,009	12,986,095	7,069,347	5,916,748	6.4	3.1	3.3	9.9	5.4	4.5	3.9	3.5	4.4
	65歳以上	126,368	77,693	48,675	3,628,507	2,045,537	1,582,970	1.6	1.0	0.6	2.8	1.6	1.2	3.5	3.8	3.1
	学歴															
	教育なし・就学前教育	51,242	39,848	11,394	249,786	166,199	83,587	0.6	0.5	0.1	0.2	0.1	0.1	20.5	24.0	13.6
	小学校・中学校	836,862	556,148	280,714	4,345,296	2,922,119	1,423,177	10.5	7.0	3.5	3.3	2.2	1.1	19.3	19.0	19.7
	高校（卒業なし）	1,800,018	911,272	888,746	12,276,271	7,236,073	5,040,198	22.6	11.4	11.2	9.3	5.5	3.8	14.7	12.6	17.6
	高卒	2,938,627	1,278,388	1,660,239	42,783,533	22,966,120	19,817,413	36.9	16.0	20.8	32.6	17.5	15.1	6.9	5.6	8.4
	大学中退	1,355,880	512,952	842,928	26,117,295	13,520,071	12,597,224	17.0	6.4	10.6	19.9	10.3	9.6	5.2	3.8	6.7
	短大卒	392,255	135,233	257,022	10,919,781	5,258,473	5,661,308	4.9	1.7	3.2	8.3	4.0	4.3	3.6	2.6	4.5
	大学・大学院卒	593,335	300,276	293,059	34,638,548	18,958,003	15,680,545	7.4	3.8	3.7	26.4	14.4	11.9	1.7	1.6	1.9
	従業上の地位															
	個人経営の自営業	888,446	591,924	296,522	9,240,117	5,891,033	3,349,084	11.1	7.4	3.7	7.0	4.5	2.6	9.6	10.0	8.9
	法人組織の自営業	49,100	37,919	11,181	4,118,494	3,127,023	991,471	0.6	0.5	0.1	3.1	2.4	0.8	1.2	1.2	1.1
	賃金・サラリー（民間）	5,312,815	2,327,211	2,985,604	96,776,019	52,211,269	44,564,750	66.7	29.2	37.5	73.7	39.8	33.9	5.5	4.5	6.7
	連邦政府被雇用者	94,403	52,084	42,319	4,030,905	2,431,089	1,599,816	1.2	0.7	0.5	3.1	1.9	1.2	2.3	2.1	2.6
	州政府被雇用者	171,461	63,123	108,338	5,008,359	2,160,328	2,848,031	2.2	0.8	1.4	3.8	1.6	2.2	3.4	2.9	3.8
	地方自治体被雇用者	245,738	57,251	188,487	9,659,624	3,972,418	5,687,206	3.1	0.7	2.4	7.4	3.0	4.3	2.5	1.4	3.3
	無給の家族労働者	10,619	5,703	4,916	105,716	36,093	69,623	0.1	0.1	0.1	0.1	0.0	0.1	10.0	15.8	7.1
	雇用形態															
	フルタイム	4,055,306	2,232,497	1,822,809	106,408,483	62,430,558	43,977,925	50.9	28.0	22.9	81.0	47.5	33.5	3.8	3.6	4.1
	パートタイム	2,608,656	839,956	1,768,700	22,218,092	7,220,046	14,998,046	32.7	10.5	22.2	16.9	5.5	11.4	11.7	11.6	11.8
	従業員規模															
	10人未満	2,207,013	1,228,204	978,809	25,568,411	14,986,018	10,582,393	27.7	15.4	12.3	19.5	11.4	8.1	8.6	8.2	9.2
	10〜25人未満	796,687	418,756	377,931	11,451,864	6,584,833	4,867,031	10.0	5.3	4.7	8.7	5.0	3.7	7.0	6.4	7.8
	25〜100人未満	867,646	406,810	460,836	16,345,414	9,318,264	7,027,150	10.9	5.1	5.8	12.4	7.1	5.4	5.3	4.4	6.6
	100〜500人未満	767,807	288,701	479,106	17,279,590	9,108,791	8,170,799	9.6	3.6	6.0	13.2	6.9	6.2	4.4	3.2	5.9
	500〜1000人未満	227,709	119,643	108,066	7,444,426	3,789,524	3,654,902	2.9	1.5	1.4	5.7	2.9	2.8	3.1	3.2	3.0
	1000人以上	1,905,721	673,101	1,232,620	50,849,532	26,041,825	24,807,707	23.9	8.4	15.5	38.7	19.8	18.9	3.7	2.6	5.0

(出所) Minnesota Population Center, Integrated Public Use Microdata Series-CPS より作成。

付表 3-4 アメリカのワーキングプアの推計結果 (その2)

(単位：実数は(人), 構成比, 失業・就労貧困率は(%))

		実数						構成比						失業・就労貧困率		
		失業・就労貧困者			総数			失業・就労貧困者			総数			失業・就労貧困率		
		合計	男性	女性	合計	男性	女性	合計	男性	女性	合計	男性	女性	合計	男性	女性
2002年	総数	8,353,350	4,101,890	4,251,460	140,538,429	75,751,450	64,786,979	100.0	49.1	50.9	100.0	53.9	46.1	5.9	5.4	6.6
	年齢															
	16-24歳	2,080,227	945,486	1,134,741	18,638,892	9,887,517	8,751,375	24.9	11.3	13.6	13.3	7.0	6.2	11.2	9.6	13.0
	25-34歳	2,226,724	1,104,725	1,121,999	31,407,659	17,493,455	13,914,204	26.7	13.2	13.4	22.3	12.4	9.9	7.1	6.3	8.1
	35-44歳	2,051,785	1,033,121	1,018,664	36,239,805	19,637,884	16,601,921	24.6	12.4	12.2	25.8	14.0	11.8	5.7	5.3	6.1
	45-54歳	1,246,372	648,062	598,310	32,782,010	17,165,483	15,616,527	14.9	7.8	7.2	23.3	12.2	11.1	3.8	3.8	3.8
	55-64歳	610,531	313,262	297,269	16,863,495	8,997,101	7,866,394	7.3	3.8	3.6	12.0	6.4	5.6	3.6	3.5	3.8
	65歳以上	137,711	57,234	80,477	4,606,568	2,570,010	2,036,558	1.6	0.7	1.0	3.3	1.8	1.4	3.0	2.2	4.0
	学歴															
	教育なし・就学前教育	44,202	34,855	9,347	257,192	182,049	75,143	0.5	0.4	0.1	0.2	0.1	0.1	17.2	19.1	12.4
	小学校・中学校	795,234	510,268	284,966	4,608,945	3,117,373	1,491,572	9.5	6.1	3.4	3.3	2.2	1.1	17.3	16.4	19.1
	高校(卒業なし)	1,803,019	934,064	868,955	12,183,113	7,335,463	4,847,650	21.6	11.2	10.4	8.7	5.2	3.4	14.8	12.7	17.9
	高卒	2,926,883	1,408,030	1,518,853	42,632,422	23,155,780	19,476,642	35.0	16.9	18.2	30.3	16.5	13.9	6.9	6.1	7.8
	大学中退	1,513,141	604,448	908,693	27,956,542	14,456,097	13,500,445	18.1	7.2	10.9	19.9	10.3	9.6	5.4	4.2	6.7
	短大卒	405,158	170,982	234,176	12,324,694	5,666,232	6,658,462	4.9	2.0	2.8	8.8	4.0	4.7	3.3	3.0	3.5
	大学・大学院卒	865,712	439,243	426,469	40,575,519	21,838,455	18,737,064	10.4	5.3	5.1	28.9	15.5	13.3	2.1	2.0	2.3
	従業上の地位															
	個人経営の自営業	1,030,342	713,992	316,350	9,097,430	5,776,484	3,320,946	12.3	8.5	3.8	6.5	4.1	2.4	11.3	12.4	9.5
	法人組織の自営業	52,521	46,766	5,755	4,572,306	3,425,798	1,146,508	0.6	0.6	0.1	3.3	2.4	0.8	1.1	1.4	0.5
	賃金・サラリー(民間)	4,943,438	2,154,927	2,788,511	102,789,016	55,465,332	47,323,684	59.2	25.8	33.4	73.1	39.5	33.7	4.8	3.9	5.9
	連邦政府被雇用者	63,413	30,373	33,040	4,088,081	2,500,055	1,588,026	0.8	0.4	0.4	2.9	1.8	1.1	1.6	1.2	2.1
	州政府被雇用者	214,406	66,915	147,491	5,663,475	2,442,941	3,220,534	2.6	0.8	1.8	4.0	1.7	2.3	3.8	2.7	4.6
	地方自治体被雇用者	268,836	71,458	197,378	10,720,163	4,105,488	6,614,675	3.2	0.9	2.4	7.6	2.9	4.7	2.5	1.7	3.0
	無給の家族労働者	25,162	11,992	13,170	97,495	24,418	73,077	0.3	0.1	0.2	0.1	0.0	0.1	25.8	49.1	18.0
	雇用形態															
	フルタイム	4,098,786	2,245,108	1,853,678	114,086,552	66,227,799	47,858,753	49.1	26.9	22.2	81.2	47.1	34.1	3.6	3.4	3.9
	パートタイム	2,438,855	820,177	1,618,678	22,658,440	7,357,761	15,300,679	29.2	9.8	19.4	16.1	5.2	10.9	10.8	11.1	10.6
	従業員規模															
	10人未満	2,351,820	1,364,990	986,830	27,722,010	16,170,621	11,551,389	28.2	16.3	11.8	19.7	11.5	8.2	8.5	8.4	8.5
	10〜25人未満	790,415	383,367	407,048	13,071,846	7,501,638	5,570,208	9.5	4.6	4.9	9.3	5.3	4.0	6.0	5.1	7.3
	25〜100人未満	768,255	338,275	429,980	17,921,369	10,133,215	7,788,154	9.2	4.0	5.1	12.8	7.2	5.5	4.3	3.3	5.5
	100〜500人未満	646,735	286,078	360,657	18,619,234	9,750,369	8,868,865	7.7	3.4	4.3	13.2	6.9	6.3	3.5	2.9	4.1
	500〜1000人未満	211,698	93,712	117,986	7,346,155	3,513,804	3,832,351	2.5	1.1	1.4	5.2	2.5	2.7	2.9	2.7	3.1
	1000人以上	1,829,197	630,001	1,199,196	52,347,356	26,670,869	25,676,487	21.9	7.5	14.4	37.2	19.0	18.3	3.5	2.4	4.7

注)小学校・中学校については, Grade1〜8をまとめた。高校(卒業なし)については, Grade9〜12(卒業なし)を一つにまとめた。準学士号(職業訓練コースと進学コース)を一つにまとめた。大学・大学院卒には, 学士号・修士号・専門職学位・博士号取得者が含まれる。

(出所) Minnesota Population Center, Integrated Public Use Microdata Series-CPS より作成

第4章　イギリスの社会保障制度の現状と課題

1．はじめに

　最近、日本では消費税の増税と関連して税額控除制度の改革案が議論されている。我が国の従来の税額控除は、所得の金額や子供の数によって、所得税額などから一定の金額を控除していたが、改革案で俎上にのぼっているのは「給付付き」税額控除制度である。給付付き税額控除制度は、すでにいくつかの国で実施されているが、イギリスでは給付付き税額控除制度である就労税額控除（Working Tax Credit：WTC）や児童税額控除（Child Tax Credit：CTC）が行なわれており、その実効性を検証する指標として、様々な推計が行われている。

　イギリスでは毎年、雇用年金省（Department for Work and Pensions：DWP）や歳入関税庁（HM Revenue & Customs：HMRC）により税額控除制度であるWTCやCTCなどの「捕捉率（take-up rate）」が推計され、『Child Benefit, Child Tax Credit and Working Tax Credit - Take-up rates（以下、TCTRと呼ぶ）』として公表されている。またその推計に関連する資料として、税額控除の給付者数や給付額の確定報告となる『Child and Working Tax Credits Statistics - Finalised annual awards（以下、FAと呼ぶ）』や、税額控除の申請内容の誤りや不正による受給数および受給額の推計を行っている『Child and Working Tax Credits - Error and fraud statistics（以下、E&Fと呼ぶ）』等様々な資料も公表している。

　これらの公表資料を把握することは、イギリスの給付付き税額控除制度の実効性を吟味する上で重要なことである。本稿ではまず、FAやE&Fを参照しながら税額控除制度の説明を行い、ついでTCTRの概要を示し、さらにイギリスのFamily Resources Survey（FRS）のマイクロ・データのみを用いた捕捉率推計をTCTRの捕捉率推計と比較することで、イギリスの税額控除制度の実態を明らかにすることを目的とする。

2．イギリスの税額控除制度

2－1．イギリスの税額控除制度の概要

　イギリスの税額控除制度である CTC と WTC は、2003年4月に、従来の就労家族税額控除（Working Families' Tax Credit）、障がい者税額控除（Disabled Person's Tax Credit）、および（旧）児童税額控除（Children's Tax Credit）に代わって、導入されたものである。現在の税額控除制度は、所得と就労時間や子供の数、保育費用や障がいなどの生活状態に対応するものとなっている。

（1）受給資格要件
　CTC は子供のいる家族[1]のための給付であり、CTC の受給資格条件は主に家族が扶養している子供の年齢によって決定される。受給資格条件は、表4-1に示したように、子供が16才の誕生日を迎えた後の8月31日まで受け取ることができ、子供が16歳を超えていても、フルタイムの中等教育を受けている場合は、19才の誕生日まで受け取ることができる。

表4-1 CTC、WTC の受給資格条件

	受給資格条件
CTC	① 子が16歳の誕生日を迎えたあとの8月31日まで受けられる。 ② 子が16歳以上でも、中等教育以下に在籍している場合は、19歳まで受けられる。 ③ フルタイム教育を終えた16・17歳の場合には、1週間あたり24時間以上働いていない者、または、訓練所への支払を持つ者か就労支援サービス、包括的支援サービスを登録している者が受けられる（包括的支援サービスはウェールズ、スコットランド、北アイルランドのみ）。
WTC	子供のいる家族の場合 ① 子供のいる家族は父親または母親が16歳以上で週の就労時間が16時間以上。 子供のいない家族の場合 ② 25歳以上で週の就労時間が30時間以上の者。 ③ 16歳以上で週の就労時間が16時間以上で、就労する際に不利となるような障がいがある者。 ④ 50歳以上で6カ月間以上の非就労手当を受け取った後、昨年1年以内に仕事に戻った者。

（出所）Inland Revenue (2004)p.2,p.4、HM Revenue & Customs(2005)p.5,p.8,p.19、および木村他(2009)p.146-147 より作成。

---

[1]本稿において、家族とは benefit unit（1人の大人、婚姻しているかあるいはあたかも婚姻しているように一緒に暮らしている2人の大人、および、彼らが扶養している16歳未満の子供または16歳から19歳でフルタイムの教育を受けている子供）の、世帯とは人口センサスや統計調査の単位である household の訳である。したがって、1つの世帯に複数の家族が存在する場合がある。なお、イギリスでも benefit unit はよく知られていないため、世帯(household)と混同されている場合もある。

WTC は低所得就労者や家族のための給付であり、WTC の受給資格条件は主に年齢と就労時間によって決定されるが、表 4-1 に示したように、少なくとも週 16 時間働くことが受給条件となっている。子供のいる家族は父親か母親が 16 歳以上でどちらかが 16 時間働いている、子供のいない家族は 25 歳以上で週 30 時間働いている、あるいは該当する障がい者、50 歳以上で復職した者が申請することができる。

（２）給付額
①給付額の算出
　表 4-1 の生活状態を満たす者が実際に申請を行うことで給付されるそれぞれの要素とその金額は、表 4-2 に示したとおりであり、該当する要素が加算される。例えば、5 歳の重度の障がい児を持つ家族の場合、CTC の①、③、④、⑤を加算した 6,210 ポンドを CTC として受け取ることになる。なお、後述の HMRC より提供を受けた TCTR に記載された捕捉率を求めるための SAS プログラムが 2005-06 年のものであったため、以下では 2005-06 年を事例として取り上げる。

表 4-2　CTC、WTC の要素別給付額

		給付額（ポンド/年）
CTC	① 家族要素（Family element）	545（1家族当たり）
	② 家族要素（乳児加算）（Family element, baby addition）	545（1家族当たり）
	③ 子供要素（Child element）	1,690（子1人当たり）
	④ 障がい児要素（Disabled child element）	2,285（子1人当たり）
	⑤ 重度の障がい児要素（Severely disabled child element）	1,690（子1人当たり）
WTC	① 基礎控除（Basic element）	1,620（1家族当たり）
	② 夫婦およびひとり親要素（Couple and lone parent element）	1,595（1家族当たり）
	③ 30時間以上就労要素（30 hour element）	660（1家族当たり）
	④ 障がいをもつ就労者要素（Disabled worker element）	2,165（1人当たり）
	⑤ 重度の障がいをもつ就労者要素（Severe disability element）	920（1人当たり）
	⑥ 50歳以上の再就職要素（週当たり16～29時間の就労）（50+ return to work element of 16-29 hours per week）	1,110（1人当たり）
	⑦ 50歳以上の再就職要素（週当たり30時間以上の就労）（50+ return to work element of 30 or more hours per week）	1,660（1人当たり）
	⑧ 保育要素（1児）（Childcare element for one child）	［175（ポンド/週）×70％］
	⑨ 保育要素（2児以上）（Childcare element for two or more children）	［300（ポンド/週）×70％］

（出所）HM Revenue & Customs(2005) p.5,p.8,p.19、および木村他(2009)p.146-147 より作成。

CTC と WTC の給付は連動しており、CTC と WTC の両方の受給資格条件を満たす場合には、図 4-1 に示したように、給付額は CTC が優先的に給付されながら、所得に伴って減少していく。例えば、所得が年間 5,220 ポンド以下の場合、CTC と WTC の満額の合計を受給することができるが(「満額受給額」)、所得が 5,220 ポンドより大きくなると、所得が増えるにしたがって給付額は WTC、WTC（保育要素）、CTC の順で徐々に、CTC の家族要素の額まで減額される(「第一の減額」)。その後、年間所得が 50,000 ポンドを超えるまで「家族要素のみ」のまま平準化するが、所得が 50,000 ポンドを超えると、CTC の家族要素は徐々に減額され(「第二の減額」)、給付額は再び減少する。そして、一定の所得を超えると、給付額は 0 となり、受給資格を失う。

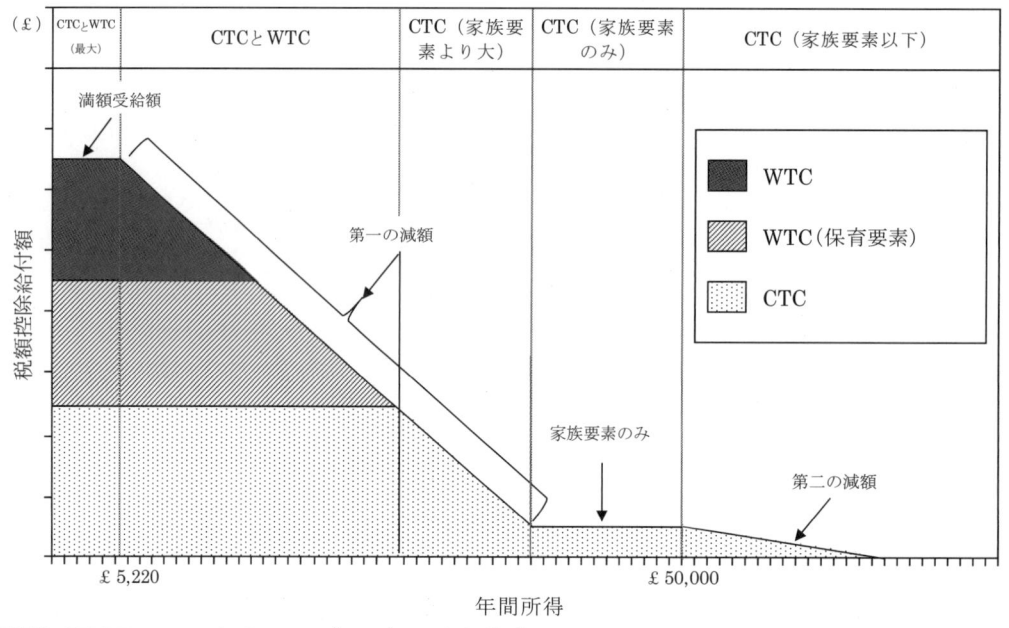

（出所）HM Revenue & Customs(2011)p.3 より作成。

図 4-1 所得と CTC、WTC 給付の関係

表 4-2 と図 4-1 を式に表したのが表 4-3 であり、税額控除制度は子供の有無と所得によって算出方法が分けられている。また、子供のいる非就労家族の場合には、税額控除制度ではなく、所得補助（Income Support）や所得関連制求職者給付（income-based Jobseeker's Allowance）を通して CTC を受け取る家族もいる。

表 4-3　CTC、WTC 合計給付額の算出方法

所得 (ポンド/年)	合計給付額	
	子供あり	子供なし
5,220 以下	WTC 満額+CTC 満額	WTC 満額
5,220 超 50,000 以下	WTC 満額+CTC 満額－(所得－5220)×0.37 但し、最低保障額 545 ポンド。	WTC 満額－ (所得－5220)×0.37
50,000 超	家族要素－(所得－50000)/15	

(出所) HM Revenue & Customs(2005)p.36-46、および木村他(2009)p.147 より作成。

②所得と給付額

　①で説明した方法により算出したものが給付額になるが、その給付額は税額控除を算出するための所得によって変わる。給付額の算出で用いられる所得は、該当年の所得であるが、日本の所得税や源泉徴収税と同様に、給付時には前年度の所得を用いており、その結果、給付額は見込み額として給付されている。そのために給付額が確定したときに、過大給付や過小給付が発生していれば、後で調整を行う必要があり、これは、翌年に給付される額より引かれる、あるいは加算されることで調整される。

　2005-06 年に受給資格のある家族を例にとると、2005-06 年の給付額は 2005-06 年の生活状態と 2005 年 4 月時点の見込み所得によって決められる。この 2005 年 4 月時点の見込み所得は、初めて税額控除を受け取る場合にはその時点の所得によって決められ、前年の 2004-05 年に税額控除を受け取っていた場合には、その時点で HMRC が把握している 2004-05 年の所得によって決められる。その後、両者とも見込み所得に変動がある場合には 2005-06 年の間であれば、どの時点においても見込み所得を HMRC へ申告することによって、給付額を変更することができる。

　このように 2005-06 年に給付された額は見込み所得に基づいているため、所得が確定した後で給付額を計算し直して確定給付額を算出し、調整が行われる。確定所得は、2006 年 7 月 31 日までに申告することになっているが、7 月 31 日までに確定所得がわからない家族でも、2007 年 1 月 31 日までは 2005-06 年の確定所得の申告を行える。すなわち、2005-06 年に給付される額は、前年の 2004-05 年の見込み所得か 2005-06 年の申請時点での見込み所得になってしまうため、受給資格条件を判断する際に使用される所得が発生した期間と実際に受給している期間にはタイム・ラグが生じている。なお、税額控除制度においては調整が多数になる煩

雑さを避けるためであろうか、見込み所得から確定所得への増加分が 2,500 ポンド以内であれば、調整を行わない「£2,500 増加所得無視[2]」の処置がとられている。

　以上のように、税額控除制度は、生活状態と所得（とりわけ、見込み所得と確定所得の相違による調整の必要性）の変化によって変わる給付額、また、所得補助や所得関連制求職者給付を通して給付される CTC など他の給付との関わりも含み、複雑な制度になっている。そして、その複雑さにより、低所得層の申請の誤りによる過大給付などが大きな問題となっている[3]。HMRC では、これらの問題点における過大給付の推計を行い、その報告書として E&F を公表している。

２－２．税額控除（Tax Credit）に含まれる過ちや不正

　税額控除制度は複雑な制度であることに加えて、給付の申請は申請者の自己申告に基づいているために、記入の誤りや不正な申告が発生する可能性がある。イギリスでは記入誤りや不正な申告が、Tax Credit の過大給付の原因のひとつと捉えており、その問題の解決に役立てるために、HMRC が記入誤りや不正申告の件数および給付金額の推計を行い、E&F として公表している。

　E&F では実際の給付額と確定所得によって算出される真の受給資格額とのズレを、証拠の有無により、申請者の不注意による記入誤りである「過ち（error）」と、故意による不正な申請である「不正（fraud）」とに分類している。また、実際の給付額が確定所得によって、算出される真の受給資格額よりも大きい場合は「申請者に有利な過ち」あるいは「申請者に有利な不正」と表示されている。逆に小さい場合は「HMRC に有利な過ち」に区分している。

　過ちと不正の推計の試みは、最終的に確定された給付家族数の統計資料である FA に基づいて該当する一年間の確定された給付家族を層化し、各層から無作為抽出された家族について吟味することによって実施される。申請内容監査員によって計約 4,000 の家族が選択され、推計が行われることから「ランダム調査研究」計画と呼ばれており、E&F はその結果を示したものである。なお、標本調査のため 95％

---

[2] 2006 年以降は 25,000 ポンドに引き上げられている。
[3] 税制調査会(2009)では、さらに、申請書の枚数の多さや事務手続きの煩雑さなど申請する低所得層に大きな負担を掛けており、申請の低さにもつながっていると指摘している。

信頼区間が示されるが、中位推計値のみの表も多くなっている。

　また、E&Fには、過ちと不正の額別や受給額別の表が掲載され、受給資格があって過ちや不正のあった家族数の推計が行われている。しかし受給資格がなくて過ちや不正のあった家族数はわからない。

　2005-06年のE&Fでは、確定受給資格額に対する「申請者に有利な過ち」の給付額割合は9.3％（14.7億ポンド、130万件数）、「申請者に有利な不正」の給付額割合は0.3％（0.5億ポンド、3万件数）、「HMRCによる有利な過ち」の給付額割合は1.9％（3億ポンド、49万件数）となっており、無視可能なほど「不正」受給の規模は小さかった。

　表4-4に示した過ちや不正の理由によれば、過大給付に影響を与えているのは、ほとんどが「申請者に有利な過ちと不正」であり、中でもパートナーの存在の非申告による推定金額が最も大きくなっており、次いで保育費用となっている。Tax Creditはパートナーとの所得や就労時間を合算して控除されることから、パートナーの存在の非申告は、結果的に申請者が所得や就労時間を過小申告していることになり、過大給付につながっている。保育費用については、申請者が保育費用を過大申請していることがわかる。

　以上のように、E&Fは申請者件数を対象として吟味しているため、基本的には

表4-4　過ちや不正の理由　－　中位推計、2006-07年

理由	申請者に有利な過ちと不正の推定値			HMRCに有利な推定値		
	件数（万件）	金額（億万£）	1件当たり金額（£）	件数（万件）	金額（億£）	1件当たり金額（£）
所得	37.5	2.80	747	25.5	2.20	862
パートナーの存在の非申告	13.5	4.30	3,185	-	-	-
保育費用	22.0	3.20	1,456	3.5	0.25	714
子供	9.0	1.65	1,833	3.0	0.25	833
就労と就労時間	13.5	1.45	1,000	3.5	0.25	28
障がい者	5.5	0.85	1,545	1.5	0.15	1,000
計	101.0	14.20	1,406	36.5	3.10	849

（出所）HM Revenue & Customs (2008)、Table 7より作成。

受給資格がある世帯の中の過ちや不正はわかる。しかし、受給資格があるにも関わらず申請を行っていない家族も現実には存在している。このような家族数は、次節の捕捉率によって、明らかにされている。

3．Tax Credit の捕捉率

3－1．Tax Credit の捕捉率の概要

イギリスの税額控除制度の複雑さは、申請時の記入事項の複雑さにつながっており、申請者に負担を強いている。そのため、資格があっても申請を行わない人（Entitled non-recipients：ENR，以下「有資格未受給家族」と呼ぶ）が一定数いることが知られている。イギリスではこのような人々がどの程度存在するかを把握するため、CTC と WTC の年間捕捉率の推計を行い、TCTR として毎年報告されている。

TCTR は、子供のいる家族と子供のいない家族の2つに大きく区分し、子供のいる家族については、受給の種類別や所得階級別、受給額別、家族の種類別、子供の数別、末子の年齢別に家族数と給付額の捕捉率が報告されている。子供のいない家族については受給の種類別、所得階級別、受給額別、家族の種類別にそれぞれ報告されている。また捕捉率はいくつかの標本調査から得られた推計値を組み合わせて求められているため、上方信頼限界と下方信頼限界もあわせて示されている。

2005-06年の TCTR では、CTC における家族の捕捉率は82％、WTC は61％となっており、WTC の捕捉率が低くなっている。ここで示される WTC には CTC と WTC の両方を受け取っている家族も含まれているため、WTC のみの捕捉率をみると、22％とさらに低くなっており、低所得就労家族の利用率の低さが伺える報告となっている。

（1）Tax Credit の捕捉率の定義式

Tax Credit を受給している家族の捕捉率は、受給資格のある家族数に対する受給した家族数の割合と定義されている。受給した家族数は行政記録データ（Administrative data）で得ており、受給資格のある家族数は受給家族数と有資

格未受給家族数の合計として、求めている。

　有資格未受給家族数は、社会保障給付を含む様々な所得源泉が調査された FRS により推計が行われる。しかし、FRS はある特定時点での標本統計調査であるため[4]、FRS だけから推計される有資格未受給家族には、「￡2,500 増加所得無視」のために有資格であるはずの家族が含まれていなかったり、FRS 調査後に Tax Credit が給付された家族や、減額措置によって受給が 0 になっている家族が含まれていたりしている。イギリスの Tax Credit は、第 2 節でも述べたとおり、最終的には該当年の生活状態と所得で決定されるが、該当年にはまだ所得が不明であるため、基本的には前年の所得を見込額として、給付額が計算される。このため、見込み所得による給付額と確定給付額には差が生じる場合がある。生じた差は、翌年の Tax Credit の給付額より減じられるため、当該年に受給資格があるにもかかわらず、受給額が 0 になる場合がある。したがって、真の有資格未受給家族を推計するためには、これらの部分を補正する調整が必要となる。TCTR では、FRS 調査後に Tax Credit が給付された家族数や減額措置によって受給が 0 になっている家族数は行政記録データから、前年から増加した所得の影響はイギリスの世帯パネル調査（British Household Panel Survey : BHPS[5]）から調整係数を求めている。

　したがって、算出される捕捉率の計算式は以下のように定義されている。

$$\text{Tax Credit の捕捉率} = \frac{C_A}{C_A + ((ENR_{FRS} \times DAF_{BHPS}) - BA_A - PRZ_A)}$$

　C_A は、行政記録データ上の受給家族数で、申請を行い受給資格を得て、現実に給付を受けた家族の数である。

　ENR_{FRS} は、FRS だけを用いて求められる有資格未受給家族数の推計値である。

　DAF_{BHPS} は、「￡2,500 増加所得無視」の影響を反映するために FRS の有資格未受給家族の数を調整する係数で、BHPS を使って計算される。「￡2,500 増加所得無視」は、前年の所得と比較して 2,500 ポンド増加分までは税額控除の対象所得に

---

[4] 調査世帯数はイギリス全国で約 5 万世帯（グレートブリテン 46,200 世帯、北アイルランド 3,600 世帯）であり、そのうち約 28,000 世帯が回答している（2005-06 調査）。雇用年金省によって毎年実施され、調査はインタビュー形式によって行われる。
[5] 調査世帯数は 5000 世帯（約 1 万人）で、ESRC UK Longitudinal Studies Centre (ULSC) とエセックス大学の Institute for Social and Economic Research (ISER) が共同で実施しているパネルデータである。1991 年から毎年実施され、調査はインタビュー形式で行われている。

含まなくてよいとしているため、受給資格者を増加させるはずである。このため、基本的にDAF_{BHPS}は1以上の値をとる。

BA_Aは、FRS調査後に受給した家族数を調整するための数値である。BA_Aは行政記録データを遡及して求められる。

PRZ_Aは、行政記録データから計算されるもので、減額措置により支払金額が0になった家族数である。PRZ_Aはそのような過去の過払い給付があった家族のうち、減額されて支給金額が0になった家族数を表している。

（2）有資格未受給家族の推計方法

上記の捕捉率の定義式において、重要なものはFRSだけから推計されるENR_{FRS}である。FRSから推計される有資格未受給家族を求めるために、HMRCより実際に捕捉率の推計に使用したSASプログラムの提供を受けることができた。このSASプログラムは、非常に制度に忠実なプログラムとなっており、①税額控除の満額計算、②所得計算、③受給額計算、④表出力の4つのモジュールから構成されている（図4-2）。主な特徴をそれぞれあげる。

①税額控除の満額計算

このモジュールでは、それぞれの家族についてCTCやWTCの受給資格を判定した後、各家族の受給資格に従って、所得が0の場合におけるCTCとWTCの満額を計算している。

特にCTCの受給資格の子供の年齢の条件は、第2節でも述べたとおり、16歳の8月31日までとなっている。SASプログラムでは、この設定も子供の誕生日と該当年の8月31日までの日数を計算し、制度に忠実に子供の年齢を判断している。

また、モジュールの最後では現在のCTC、WTCの受給状況もFRSマイクロ・データの該当変数を使用して集計されており、申請して給付の受取を待っている家族や所得補助や所得関連制求職者給付からCTCを受取っている家族の設定も行っている。

ただし、大人の障がい者の就労条件や50歳以上の定年退職者給付は、条件設定のための十分な情報がFRSからは得られないため、大人の障がい者のモデル化は一部分に限定されており、50歳以上の定年退職者給付はモデル化が行われていない。

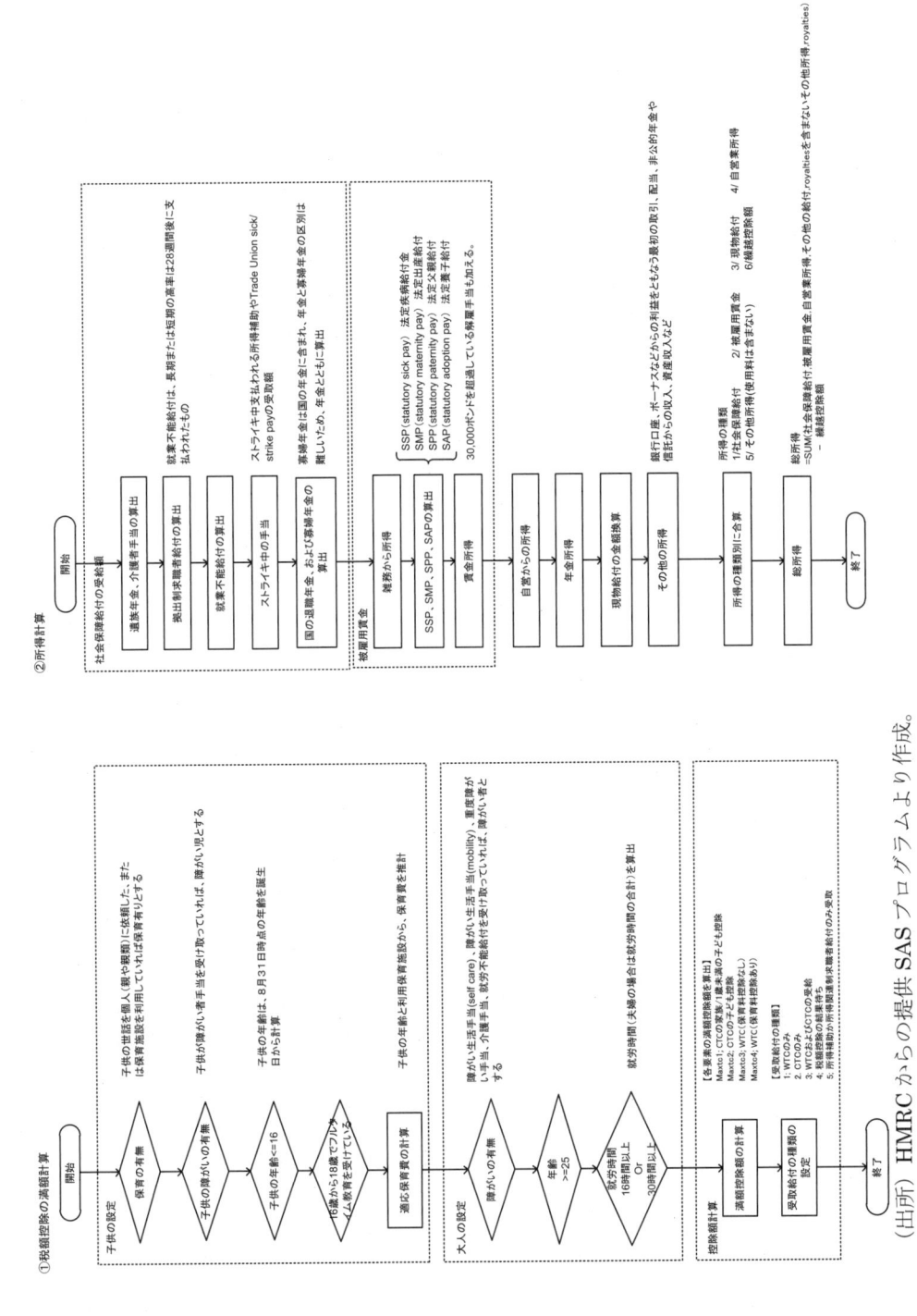

図 4-2 SAS プログラムのフローチャート（その1）

(出所) HMRC からの提供 SAS プログラムより作成。

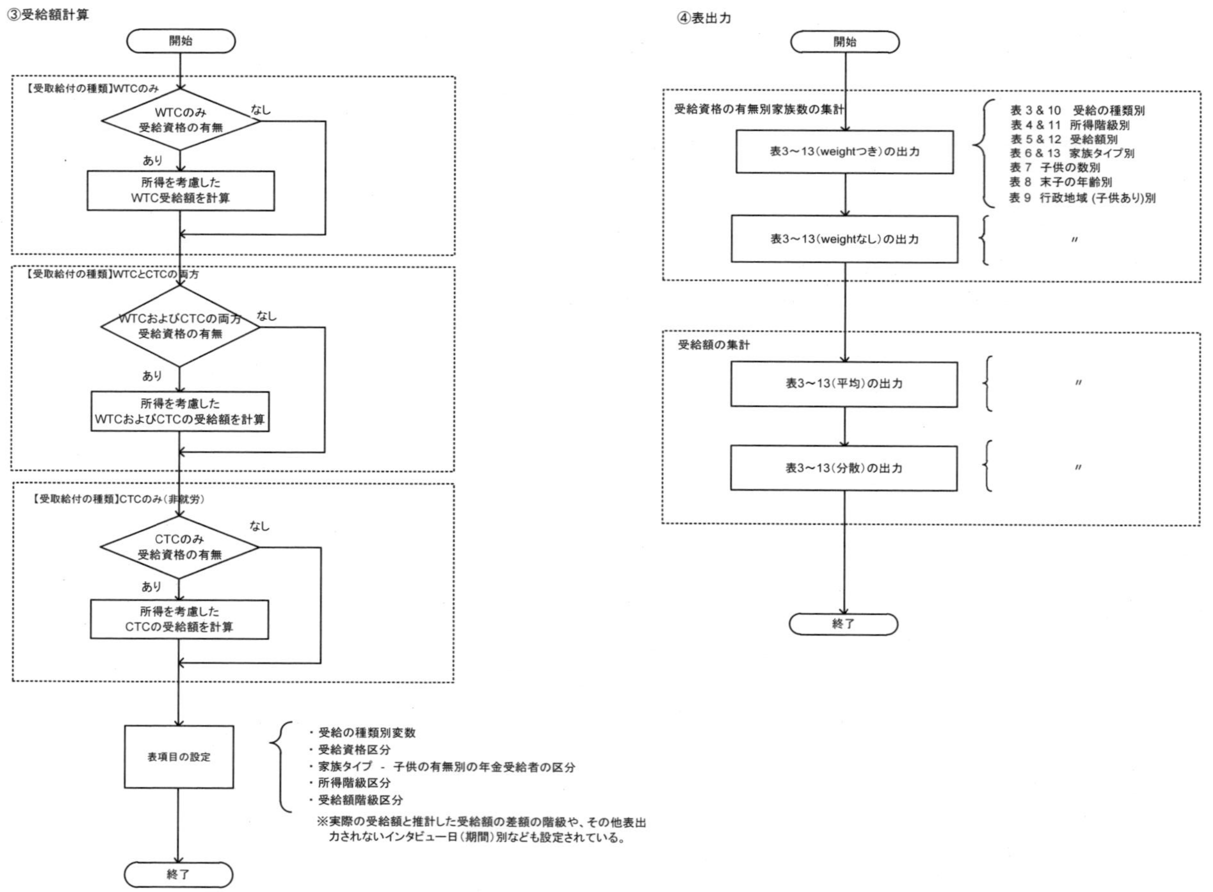

(出所) HMRC からの提供 SAS プログラムより作成。

図4-2 SAS プログラムのフローチャート（その2）

②所得計算

FRS マイクロ・データでは、詳細に区分された所得項目の変数があり、その各変数の金額を合算して Tax Credit の給付額算出に用いられる所得を計算している。給付額算出に用いられる所得は、社会保障給付からの所得、賃金所得、自営業所得、年金所得、現物給付、その他の所得からそれぞれ制度に沿って忠実に計算している。

給付からの所得のうち、寡婦年金の一部分は年金所得として給付されているため、寡婦年金を遺族手当と年金に区別することができない。そのため、寡婦年金はすべて遺族手当として扱われている。

現物給付については、FRS マイクロ・データの情報が限られているため、金額が大きいと考えられる車と医療保険については、年間所得階級別に換算金額を設定して、それを現物給付額所得としている。

③受給額計算

①②で計算された CTC・WTC の給付資格、満額控除額、所得額を用いて、税控除額を計算する。CTC と WTC は連動した税額控除制度であるため、本モジュールでは、WTC のみ受給資格がある場合、CTC・WTC の受給資格がある場合、非就労で CTC のみの受給資格がある場合に分けて、税控除額を計算している。

このモジュールでは、CTC と WTC の両方の資格がある場合の給付額は、CTC の家族要素までは CTC としての給付額となり、CTC の家族要素を超えた場合は、残りを WTC として給付される仕組みになっている。つまり給付額が CTC の家族要素を超えない場合は、CTC のみの給付となる。

また、表出力のために利用される所得階級や受給額階級、家族の種類や子供の数などの表側項目も設定されている。

④表出力

抽出率の逆数である乗率を付けた家族数、付けない家族数、給付額の平均、給付額の分散ごとに、給付の有無別の以下の表側項目の表が作成される。

Tax Credit の種類別、子供あり・所得階級別、子供なし・所得階級別、子供あり・受給金額階級別、子供なし・受給金額階級別、家族タイプ別、子供の人数別、末子の年齢別である。

その他、子供ありの家族については官庁局地域別も出力される。

（3）各調整係数

DAF_{BHPS}、BA_A、PRZ_Aの調整係数は公表されていないため、どの程度の調整が行われているかわからない。SASプログラムと同様に、HMRCから2005-06年の捕捉率算出に使用された調整係数の提供を受けることができた（表4-5）。

これをみると、DAF_{BHPS}は基本的には1以上の値となるが、子供あり・所得階級3万ポンド～4万ポンド未満および子供あり・受給金額階級1,000ポンド～2,000ポンドの項目で、1未満となっている。これらの階級で、前年所得から2,500ポンド以上の増加が多くなっていたということになる。

BA_AとPRZ_Aについてみると、ENR_{FRS}に占めるBA_AまたはPRZ_Aの割合は、子供のいる家族が子供のいない家族より高くなっている。

これらのことから、子供のいる家族において生活状態や前年所得との変化が大きいことが伺える。

表 4-5 各調整係数（その1）

	FRSの有資格未受給家族（受給待ちを含む）(a)	£2,500増加所得無視の調整係数 (b)	(a)×(b) (c)	FRS調査後に受給した家族数 (d)	減額措置により支払金額が0になった家族数 (e)	(c)-(d)-(e) (f)	受給家族数 (g)	捕捉率	(d)/(a)	(e)/(a)
	ENR_FRS	DAF_BHPS			PRZ_A					
CTCすべて	1,752,236	1.04	1,813,926	159,727	414,804	1,239,396	5,667,390	82%	0.09	0.24
WTCすべて	1,128,170	1.11	1,256,629	70,896	59,814	1,125,919	1,767,592	61%	0.06	0.05
CTC受給（就労していない）	163,360	1.00	163,360	36,386	28,567	98,407	1,406,702	93%	0.22	0.17
WTCもCTCも受給	226,039	1.03	233,388	57,184	56,217	119,986	1,495,700	93%	0.25	0.25
家族要素より大、CTCのみ受給	219,414	1.20	263,914	18,702	55,283	189,929	663,671	78%	0.09	0.25
家族要素以下、CTCのみ受給	1,143,423	1.02	1,165,379	47,454	274,737	843,189	2,101,318	71%	0.04	0.24
	902,131	1.14	1,031,037	13,712	3,596	1,013,729	271,892	21%	0.02	0.00
子供あり £0-9999	95,678	1.08	102,985	35,645	27,675	39,665	916,125	96%	0.37	0.29
£10000-19999	233,731	1.12	261,113	31,962	45,859	183,292	868,807	83%	0.14	0.20
£20000-29999	388,341	1.04	404,070	25,030	151,797	227,243	1,074,821	83%	0.06	0.39
£30000-39999	401,009	0.93	373,221	16,798	101,182	255,242	851,763	77%	0.04	0.25
£40000-49999	278,097	1.00	278,108	10,131	36,462	231,515	407,311	64%	0.04	0.13
£50000以上	192,020	1.28	246,251	3,776	22,634	219,842	141,861	39%	0.02	0.12
子供なし £0-9999	461,593	1.12	517,115	11,039	1,324	504,752	181,399	26%	0.02	0.00
£10000以上	440,538	1.18	519,415	2,673	2,304	514,439	90,492	15%	0.01	0.01
受給資格額										
子供あり £500以下	162,366	1.30	210,547	1,736	21,357	187,453	117,534	39%	0.01	0.13
£500-£1000	902,296	1.00	900,365	25,163	254,969	620,234	1,913,117	76%	0.03	0.28
£1000-£2000	197,109	0.96	188,409	29,422	31,490	127,496	362,565	74%	0.15	0.16
£2000-£4000	138,704	1.07	149,029	16,658	28,907	103,464	461,602	82%	0.12	0.21
£4000以上	188,401	1.10	208,081	50,360	50,816	106,905	1,405,871	93%	0.27	0.27
子供なし £500以下	243,289	1.15	278,633	1,015	1,355	276,263	40,203	13%	0.00	0.01
£500-£1000	148,279	1.50	222,756	1,381	634	220,741	42,592	16%	0.01	0.00
£1000-£2000	197,053	1.17	230,875	2,913	387	227,575	65,785	22%	0.01	0.00
£2000以上	313,510	1.06	331,897	8,402	1,204	322,291	123,311	28%	0.03	0.00

（出所）HMRCからの提供資料。

表 4-5 各調整係数（その 2）

	FRSの有資格未受給家族（受給待ちを含む） (a)	£2,500増加所得無視の調整係数 (b)	(a)×(b) (c)	FRS調査後に受給した家族数 (d)	減額措置により支払金額が0になった家族数 (e)	(c)-(d)-(e) (f)	受給家族数 (g)	捕捉率	(d)/(a)	(e)/(a)
	ENR_FRS	DAF_BHPS			PRZ_A					
家族タイプ										
子供のいるひとり親	146,349	1.00	146,349	37,509	48,580	60,260	1,050,408	95%	0.26	0.33
子供のいる夫婦	1,442,527	1.05	1,510,428	85,832	336,692	1,087,904	3,210,280	75%	0.06	0.23
子供のいない単身	459,485	1.25	573,826	10,536	1,793	561,497	190,718	25%	0.02	0.00
子供のいない夫婦	442,646	1.07	472,323	3,176	1,840	467,307	81,174	15%	0.01	0.00
家族サイズ										
子供1人	835,996	1.05	876,097	77,814	155,975	642,308	1,921,811	75%	0.09	0.19
子供2人	579,343	1.02	591,648	32,712	171,281	387,655	1,706,269	81%	0.06	0.30
子供3人以上	173,537	1.10	191,223	12,815	56,029	122,380	632,609	84%	0.07	0.32
末子の年齢										
0〜4歳	570,472	1.05	597,012	44,514	138,407	414,092	1,537,681	79%	0.08	0.24
5〜9歳	357,510	1.08	385,936	33,764	104,983	247,189	1,166,338	83%	0.09	0.29
10〜15歳	443,567	1.03	455,140	36,337	112,982	305,821	1,255,215	80%	0.08	0.25
16歳以上	217,327	1.00	217,327	8,727	27,134	181,466	301,454	62%	0.04	0.12
官庁局地域（子供のいる家族）										
イングランド北東部	62,771	1.08	67,932	4,926	17,468	45,538	200,700	82%	0.08	0.28
イングランド北西部	175,024	1.09	190,501	14,119	44,232	132,150	524,549	80%	0.08	0.25
ヨークシャとハンバー	114,695	1.00	114,695	11,129	38,210	65,357	397,495	86%	0.10	0.33
イングランド中東部	127,614	1.05	133,476	9,157	29,658	94,660	333,461	78%	0.07	0.23
イングランド中西部	123,117	1.04	127,468	11,236	33,027	83,204	407,822	83%	0.09	0.27
イングランド東部	137,807	1.06	146,090	11,437	37,536	97,117	382,507	80%	0.08	0.27
ロンドン	245,543	1.10	269,174	16,490	34,880	217,803	380,593	64%	0.07	0.14
イングランド南東部	224,273	1.02	228,804	15,800	50,523	162,481	521,823	76%	0.07	0.23
イングランド南西部	119,757	1.00	119,757	9,887	37,401	72,469	368,280	84%	0.08	0.31
ウェールズ	87,773	1.00	87,773	5,701	18,640	63,432	225,045	78%	0.06	0.21
スコットランド	119,067	1.03	122,979	9,160	33,171	80,647	369,254	82%	0.08	0.28
北アイルランド	51,435	1.03	53,007	3,355	8,097	41,555	132,407	76%	0.07	0.16
WFTCとの比較										
被雇用者、子供あり	297,704	1.11	329,401	58,409	79,969	191,023	1,680,823	90%	0.20	0.27

（出所）HMRCからの提供資料。

3-2. TCTRの標本誤差

　TCTRにおける捕捉率は、標本誤差を持たない行政データの他に、前述のとおりFRSやBHPSなどの標本調査から得られた推計値を組み合わせて求められている。そのため、TCTRにおける捕捉率の標本誤差は、FRSだけから求められる有資格未受給家族の推計値であるENR_{FRS}とBHPSから求められる「£2,500増加所得無視」係数であるDAF_{BHPS}の標本誤差を考慮して計算されている。

　DAF_{BHPS}は、分子である実際の規則に基づいた有資格未受給家族数Yと、分母である2005-06年の所得規則に基づく有資格未受給家族数Xの比Rであり、それぞれが標本調査であるBHPSから推定されるために標本誤差を持つから、比であるDAF_{BHPS}の分散は、

$$V[R] = V\left[\frac{Y}{X}\right]$$

$$= \frac{s_Y^2 + R^2 s_X^2 - 2R s_{XY}}{nX^2}$$

$$= \frac{s_Y^2 + \left(\frac{Y}{X}\right)^2 s_X^2 - 2\left(\frac{Y}{X}\right) s_{XY}}{nX^2}$$

$$= \frac{X^2 s_Y^2 + Y^2 s_X^2 - 2XY s_{XY}}{nX^4}$$

　　X：比率の分母、Y：比率の分子、n：標本数
　　s_X^2：Xの分散、s_Y^2：Yの分散、s_{XY}：XとYの共分散

となる。

　次に、FRSから推定されるENR_{FRS}（以下ではZで表示）の分散と、上記のDAF_{BHPS}（以下ではRで表示）の分散を用いて、FRSから推計されるENR_{FRS}とDAF_{BHPS}の積ZRの分散は、確率変数の積の公式を用いて

$$V[ZR] = E[(ZR)^2] - (E[ZR])^2 = E[Z^2 R^2] - (E[Z]E[R])^2$$

$$= E[Z^2]E[R^2] - (E[Z])^2 (E[R])^2$$

$$= \{V[Z] + (E[R])^2\}\{V[Z] + (E[R])^2\} - (E[Z])^2 (E[R])^2$$

$$= V[Z]V[R] + (E[Z])^2 V[R] + (E[R])^2 V[Z]$$

になる。TCTRでは、この式を用いて、捕捉率を95%信頼区間で推定している。

3−3．TCTRにおけるFRSの評価と注意点

　FRS は、家族の所得や社会保障給付の受給状況、子供の数など様々な生活状態を把握する上で、最も重要な統計調査と考えられている。TCTR において補足率の計算式で利用されている ENR_{FRS} の推計にも使用されているが、使用する上で次のような FRS の評価と注意をあげている。

①FRS は調査時点の所得や生活状態のデータであり、年間所得を得るためには年間に換算する必要があるため、現実の値と異なっている可能性がある。しかし、FRS では「通常の」所得を尋ねており、自営業所得や利子、投資所得などの所得の一部は年換算で記録されている。さらに FRS は年間を通じて連続的に実行される調査のため、全体的にみた場合、個人的な所得の季節変動は影響が少ないと考えられている。また、他に FRS のような大規模な年間調査がないことも考慮に入れて、FRS は 2005-06 年の所得を最もよく反映した入手可能なデータとみなされている。

②税額控除の所得には社用車のような現物給付も含まれているが、FRS では現物給付の情報は限られている。このため、行政記録データを使って現物給付からの所得のインピュテーションを行っている。

③税額控除制度における障がい者の就労要素に関する給付資格を、FRS から正確に把握することは困難であるため、部分的にしかモデル化を行っていない。また、50 歳以上の復職の就労要素においては、過去の受給に依存して判断されるため、モデル化されていない。これらの要素の除外は、有資格未受給家族数を過小評価し、受給家族数の捕捉率を高く推計する傾向を示す可能性がある。

　TCTR における捕捉率の計算式では FRS をはじめとする複数のデータを使用して、非常に制度に忠実に受給資格家族を推計して、捕捉率を求めており、現実の受給家族数は行政データを用いていた。しかし、FRS マイクロ・データには、Tax Credit の受給状態についても調査されている。そこで、FRS マイクロ・データ中

に存在する Tax Credit の受給状態に関連する変数を用いて捕捉率を算出することによって FRS が抱える問題点の検討を行っていきたい。

4．FRS マイクロ・データを利用した受給家族数の検討

　FRS マイクロ・データにおいて、受給家族や未受給家族として把握されているものと、捕捉率の定義との関連を考えてみよう。

　FRS マイクロ・データ上で受給家族として把握されるものは、税額控除制度上で受給している家族数から、申請中であるなどの理由で結果を待っている家族数と減額措置によって受給が 0 になっている家族数を差し引いたもの、すなわち $C_A - BA_A - PRZ_A$ に相当する部分になるはずである。なお、当然のことながら、未受給家族として見なされているものは、ENR_{FRS} である。

　そこで、上記の FRS マイクロ・データ上で受給していると把握されるべき家族数 $C_A - BA_A - PRZ_A$ と、FRS マイクロ・データを利用して求めた受給家族数を比較してみよう。

　FRS マイクロ・データを利用して受給家族数を求めるにあたっては、HMRC が実際に捕捉率を求めるために使用した SAS プログラムの提供を受けて、それを使用した。HMRC のプログラムは、現実の税額控除制度を忠実に反映したものとなっており、個人の生年月日のデータを使用して受給資格の有無の判断を行っている。しかし、我々が使用可能な FRS マイクロ・データでは、生年月日に関する情報が秘匿されている。そこで、生年月日の代わりに年齢変数を使用して受給資格の有無を判断せざるを得なかった。CTC と WTC の ENR_{FRS} について、HMRC が生年月日を使用して求めたものと、我々が FRS マイクロ・データの年齢変数だけで求めたものを、表 4-6 に示した。

　生年月日を使用した場合と年齢変数を使用した場合の ENR_{FRS} には、ほとんど差

表 4-6　生年月日と年齢変数を使用した未受給家族数の集計結果

単位：千家族

	生年月日を使用した集計結果	年齢変数を使用した集計結果
CTC	1,752	1,752
WTC	1,128	1,132

（出所）HMRC から提供された ENR_{FRS} と、筆者たちの計算結果より作成。

がみられないことから、年齢変数のみを使用して受給資格を判断しても差し支えないと考えられる。

そこで、HMRCから入手したC_A、BA_A、PRZ_Aから計算したFRSマイクロ・データ上で受給家族数と見なされるべき$C_A - BA_A - PRZ_A$と、FRSマイクロ・データから計算した受給家族数を求めてみた。その結果が、表4-7である。

FRSマイクロ・データ上で受給家族数として把握されるであろうと予想された家族数$C_A - BA_A - PRZ_A$に対して、FRSマイクロ・データから求められた受給家族数は約1〜2割少なく、FRSでは受給している家族数そのものが、過小に捕捉されていることがわかる。

同様に、FRSマイクロ・データ上で受給資格ありと判断されるべき家族数は、DAF_{BHPS}の部分を考慮しない$C_A + (ENR_{FRS} - BA_A - PRZ_A)$と一致すると考えられる。そこで、$C_A + (ENR_{FRS} - BA_A - PRZ_A)$と、FRSマイクロ・データから受給資格ありと判断された家族数を比較するために、表4-8を作成した。両者の間には大きな相違がみられ、CTCの95%信頼区間は±16万家族、WTCの95%信頼区間は±11万家族であるから、信頼区間を遙かに超える相違ということができる。

この相違は、何を示しているのであろうか。ひとつは、TCTRでENR_{FRS}を求める際に、障がい者や50才以上の復職の就労要素を無視していたように、捕捉率を求める際のモデル化において無視されていたものの影響である。しかし、障がい者の数はそれ程多くはなく、50才以上で復職した家族数も、全体の1〜2割を占めるとは考えられない。

表4-7 受給家族数の集計結果

単位：千家族

	受給家族数		（再掲）未受給家族数
	$C_A - BA_A - PRZ_A$	FRSマイクロ・データの集計結果	ENR_{FRS}
CTC	5,093	4,585	1,752
WTC	1,637	1,265	1,128

（出所）HMRCから提供されたC_A、BA_A、PRZ_Aと、筆者たちの計算結果より作成。

表4-8 FRSで把握されるべき、受給資格ありの家族数の集計結果

単位：千家族

	$C_A + (ENR_{FRS} - BA_A - PRZ_A)$	FRSマイクロ・データの計算結果
CTC	6,845	6,337
WTC	2,765	2,397

（出所）HMRCから提供されたC_A、BA_A、PRZ_Aと、筆者たちの計算結果より作成。

表4-9 FRSの抽出世帯数と回答世帯数 2005-06年

	世帯数	有効抽出世帯数に対する割合
抽出世帯数	49,800	
有効抽出世帯数	44,926	100%
完全回答世帯数	28,029	62%
不完全回答世帯数	585	1%
回答拒否世帯数	13,948	31%
調査不能世帯数	1,509	3%

(出所) National Statistics(2006)、Table 4.4 より作成。

したがって、主な要因はFRSという統計調査そのものにあると考えられる。そこで、FRSの標本抽出法と回答率についてみておこう。FRSは、地域（27区分）、社会経済グループ（8区分）、経済活動率（2区分）、男性の失業者割合（4区分）という4つの変数によって、郵便番号ごとの地域を層化して、1,848の郵便番号を抽出し、その後、抽出された郵便番号内の世帯を抽出するという、一般的によく用いられている層化多段抽出法を採用している。2005-06年におけるFRSの抽出世帯数と回答世帯数は、表4-9のようになっている。抽出世帯数と有効抽出世帯数が異なるのは、抽出世帯に含まれる事業所等を除いたものが有効抽出世帯となるためである。特徴的なことは、有効抽出世帯のうち、38%が調査を拒否していることである。FRSが調査員による調査で、しかも、長時間のインタビューによって実施されていることから、時間的に余裕がなかったり、所得などセンシティブな調査項目を含んだりしていることから回答拒否世帯が多くなっているものと考えられる。

このような多くの回答拒否世帯の存在の影響を除去するために、FRSでは、年齢・性別・地域の人数、16〜19才の被扶養者数、社会福祉と関連する家族や世帯数をコントロール変数として、補正（キャリブレーション）を行った集計もされている。2005-06年のFRSから集計され、補正を行った後の経済支援施策受給家族数と、行政記録データとを比較したものを表4-10に示した。

諸制度が持つ受給資格と受給実態とのタイム・ラグを加味したとしても、表4-10に示したように、すべての施策において、行政記録データに比べてFRS上で把握されている受給家族数は過少となっている。この事実は経済支援施策が低所得層に

表 4-10　経済支援施策受給家族数 2005-06 年（グレートブリテンのみ）

単位：千家族

	FRS	行政記録データ
所得補助	1,550	2,110
年金クレジット	1,790	2,530
住宅手当	3,510	3,980
地方税給付	4,870	4,990
WTC	1,310	1,840
CTC	4,000	4,290

（出所）Department for Work and Pensions(2007)、Table M.6 より作成。

対して実施されていることを考えると、FRS では低所得層において回答拒否世帯が多い、つまり FRS で把握された世帯は中・高所得層に偏っているというバイアスの存在を示唆している。所得を最もよく反映しており、かつ入手可能な統計資料である FRS においても、低所得層の把握が十分にはできていないことを示していると考えられよう。

もし、FRS で把握されている家族が上記のようなバイアスを持つとすれば、前述した FRS マイクロ・データで把握されるべき受給資格ありの家族数としての $C_A + (ENR_{FRS} - BA_A - PRZ_A)$ と FRS マイクロ・データの計算結果の相違を説明することができる。同時に、低所得層の把握が不十分であるとすれば、FRS から求められる ENR_{FRS} 自体が過小に推計されており、TCTR で求められている捕捉率が過大になっている可能性をも指摘できる。

5．おわりに

本章では、まず、イギリスにおける給付付き税額控除制度の詳細を述べ、次に、それと関連して政府が給付付き税額控除の捕捉率、および過ちや不正をどのように把握しているかをイギリスの政府文書に依拠して説明した。さらに、FRS マイクロ・データを使用した集計結果と TCTR で使用している給付付き税額控除の受給と関連した家族数との比較を行ってきた。

その結果、税額控除制度において、受給資格を判断する所得が示す時点と確定的な受給が行われる時点とのタイム・ラグを持っており、スナップ・ショットの統計

調査である FRS では正しい捕捉率の計算が非常に困難であることがわかった。TCTR では、この困難に対して、FRS だけではなく、行政記録データやパネルデータも用いて、制度に忠実に捕捉率を求めようとしていた。しかし、FRS マイクロ・データの集計結果からは、FRS 自体が低所得層の把握が不十分であるという疑念をぬぐうことができず、TCTR の捕捉率が高く推計されているという可能性を指摘した。

謝辞

　本研究においては、UK Data Archive から提供された 2005-06 年の FRS マイクロ・データを使用した。また、HMRC Tax Credits Analysis Team の Mr. Mike Bielby より、捕捉率推計のための SAS プログラムや捕捉率推計のための各推計値の提供を受けるなど、多大な協力をいただいた。ここに、感謝の意を表したい。

参考文献

[1] 木村清美・埋橋孝文・草薙信照・三宅洋一・新井郁子・西内亜紀「第 1 章税・社会保障制度が家計に及ぼす影響－国際比較データベースの構築日本・イギリス・韓国編－」『家計所得の国際比較研究－「統計分析プロジェクト」研究成果報告－』, Sinfonica 研究叢書, 2009.

[2] 金子治平・杉橋やよい・米澤香・安井浩子「第 2 章統計データでみる世帯別所得分布」『家計所得の国際比較研究「統計分析プロジェクト」研究成果報告－』, Sinfonica 研究叢書, 2009.

[3] 鎌倉治子「諸外国の給付付き税額控除の概要」『調査と情報-Issue Brief-』, 国立国会図書館, No. 678, 2010.

[4] Barnett H.A.R., "The Variance of the Product of Two Independent Variables and its Application to an Investigation Based on Sample Data", Journal of the Institute of Actuaries Vol 81 (1955), p. 190.

参考資料

[1] 税制調査会『政府税制調査会海外調査報告(ドイツ・イギリス・オランダ)』第5回スタディ・グループ(2009.8.6)提出資料, pp.15-20,内閣府税制調査会 Website, http://www.cao.go.jp/zeicho/siryou/sg5kai.html(2012 年 2 月 14 日).

[2]長島健悟「正規二変量の比の信頼区間」, 城西大学薬学部 Website, http://www.josai.ac.jp/~nagasima/contents/doc/nrd_ci/(2012 年 2 月 14 日)

[3] Department for Work and Pensions, "Family Resources Survey United Kingdom 2005-06",2007.

[4] Inland Revenue,"Child Tax Credit and Working Tax Credit -An introduction",2004.

[5] HM Revenue &Customs,"Child Tax Credit and Working Tax Credit -A guide",2005.

[6] HM Revenue &Customs,"Child and Working Tax Credits Statistics - Dcember 2010",2011.

[7] HM Revenue & Customs Analysis Team,"Child Tax Credit and Working Tax Credit - Take-up rates 2003-04",2006.

[8] HM Revenue & Customs Analysis Team,"Child Tax Credit and Working Tax Credit - Take-up rates 2004-05",2007.

[9] HM Revenue & Customs Analysis Team,"Child Tax Credit and Working Tax Credit - Take-up rates 2005-06",2008.

[10] HM Revenue & Customs Analysis Team,"Child and Working Tax Credit Statistics - Finalisedannual awards 2005-06",2007.

[11] HM Revenue &Customs,"Child and Working Tax Credits- Error and fraud statistics 2005-06& 2006-07",2008.

[12] HM Revenue & Customs, "Getting your tax credits claim form right",2009.

[13] National Statistics , "Family Resources Survey Annual Technical Report: 2005-06", 2006.

[14] National Statistics,"Family Resources Survey 2005-2006 The User Guide1",2008a.

[15] National Statistics,"Family Resources Survey 2005-2006 The User Guide3",2008b.
[16] National Statistics,"Family Resources Survey 2005-2006 The User Guide4",2008c.
[17] National Statistics,"Family Resources Survey 2005-2006 The User Guide13",2008d.
[18] National Statistics,"Family Resources Survey 2005-2006 The User Guide14",2008e.
[19] National Statistics,"Family Resources Survey 2005-2006 The User Guide15",2008f.

資料1

HM REVENUE & CUSTOMS Analysis Team
Child Tax Credit and Working Tax Credit - Take-up rates 2005-06
© Crown Copyright 2008

序論
税額控除システム

児童税額控除（CTC）と就労税額控除（WTC）は、2003年4月に導入されたもので、子供のいる家族のためのいくつかの経済的支援と同様に、就労家族税額控除（Working Families' Tax Credit）、障がい者税額控除（Disabled Person's Tax Credit）、（旧）児童税額控除（Children's Tax Credit）からとって代わったものである。初めて、WTCもまた、子供も障がい者もない家族に対して就労者への経済的支援を拡張した。税額控除の目的は、2002年の予算書で公表されており、以下の通りである[1]。

- 親の立場である責任を考慮して、子供のいる家族を援助する。
- 低所得の家族のような、最も援助を必要としている家族に最大の援助を提供することによって、子供の貧困に取り組む。
- 就労が社会福祉以上の支払いを確かにもたらし、人々が所得階梯を上がるインセンティブを確かに持つようになる手助けをする。

これらの目的を満たすために、税額控除制度を通じた経済的支援は、支援される資格を持つ人々に適用されなければならない。この出版物は、2005-06年の会計年度についてのCTCとWTCの年間捕捉率の推計を提供している。

2005-06年の税額控除の受給資格は、その1年間の家族の生活状態（例えば、子供の数、適格な保育の利用、障がい者）と、2004-05年と2005-06年の所得に基づく。2004-05年と2005-06年の間に増加した所得のうち、最初の2,500ポンド分は、税額控除目的のために無視された（以下、"£2,500増加所得無視"）。

CTCとWTCの補捉率を推定するには多くの手法上の課題がある。これらの多くがこの出版物を作成するために実施された分析において、全面的あるいは部分的に取り上げられたが、扱わないままの課題も残っている。この出版物の推定方法に関する節では、これらの問題をより全面的に取り上げている。

使用されるデータ

3つの別々のデータの出所が捕捉率の推計を作成するために使用された。

- 行政記録データ：いくつかの行政記録データセットがこれらの表の作成に使用された。ひとつめのデータセットは、2005-06年の税額控除レコードすべてをスキャンで取り込んだものであり、『Child and Working Tax Credits Statistics -Finalised Annual Awards2005-06』というHMRC（イギリス歳入関税庁）の統計書を作成するためにも使用された。一定のデータ項目（例えば、末子の年齢、過去に給付されたという情報）は、このデータセット上にはなかった。そこで、これらのために大人が一人の申請家族の10%抽出標本と、大人が二人以上の申請家族の20%の抽出標本が利用された。3つめの行政記録データセットは、支払金額が0まで減額された受給者数を推計するために使用された。なお、推定方法に関する節では、そのような推計を取り入れた必要性についてより詳しく述べている。
- FRS（The Family Resources Survey）：世帯調査は雇用年金省によって実施され、とりわけ税額控除の受給資格のある家族をモデル化するために利用される家族の生活状態に関連した様々な情報を収集している。
- イギリスの世帯パネル調査（BHPS）：1991年から長期にわたる世帯を対象にしている。パネル調査なので、様々な年にまたがった個々の家族の所得、2004-05年と2005-06年の所得の情報が提供されている。

捕捉率の定義

受給家族数の捕捉率は、受給資格がある家族のうち、受給資格があるものに対して受給したものの割合を表す。それは以下のような計算式で推計される。

$$\frac{C_A}{C_A + ((ENR_{FRS} \times DAF_{BHPS}) - BA_A - PRZ_A)}$$

ここで：

C_A は、行政記録の受給家族数（申請を行い、受給資格があった家族の数）。
ENR_{FRS} は、FRS 上では受給資格はあるが、受給していない家族（以下、有資格未受給家族（ENR））数の推計値。
DAF_{BHPS} は、"£2,500 増加所得無視"の影響を反映するためにFRSの有資格未受給家族（ENR）の数を拡大・縮小する調整する係数。BHPSを使って計算される。
BA_A は、FRSのインタビュー日後に申請や、すでに申請した給付を待っていた有資格未受給家族（ENR）が、その後、税額控除を受け取ったかもしれないので、行政記録データを使って遡及するための調整。
PRZ_A は、行政記録データから計算されるもので、支払金額が0に減らされたケースのための調整。これらは税額控除制度では本当は給付されているが、過剰支払の返済のために、FRSにおいては受け取っていないとしてみなされている。

給付総額の捕捉率は、申請された 2005-06 年税額控除給付金額の全体の割合を表している。それは、受給家族数の捕捉率とまったく同じ方法で計算される。つまり、受給家族数に関する補足率において、受給家族数の用語を全体の給付金額（平均給付額×家族として定義される）で置き換えたものである。

この出版物において示された給付総額データは、税額控除の給付額の最終的な推計値とみなされるべきではない。単に、給付総額の捕捉率を求めるために使用されているに過ぎないことに注意するべきである。給付総額は、受給資格額のモデル化された水準に基づくので、いくつかの点において実際の給付総額とは異なっているかもしれない。とりわけ過少支払と過剰支払という存在は、簡単にモデル化することで、ある年に返すべき支出を異なった年に支出しているという問題が生じているかもしれない。

有資格未受給家族（ENR）数の中位推計値、申請されていない税額控除額、および受給家族数と給付総額の捕捉率は、上方信頼限界および下方信頼限界を与えられている。つまり、これらはおおよそ95パーセント信頼区間を表している。有資格未受給家族（ENR）数や申請されていない額のための上方信頼限界と下方信頼限界は、中位推計値のまわりで対称である。しかし、補捉率は中位推計値に対して左右対称ではない。なぜならば、有資格未受給家族（ENR）の所与の水準や申請されていない総額を足したり引いたりする（加減する）ことによる補捉率の変化は、それらの比率の水準に依存しているためである。

表の形式

この出版物の各表は同じような形式を持っている。最初の列（表の左側）は、行政記録データから引き出された受給家族数、または給付総額の推計値である。次の3列（表の真ん中）は、有資格未受給家族（ENR）数や申請されていない税額控除額の推計値であり、上方信頼限界と下方信頼限界とともに中位推計値を示す。最後の3列（表の右側）は受給家族数と給付総額について、それぞれの中位推計値や上方信頼限界と下方信頼限界とともに捕捉率を示す。表2は例外で、捕捉率だけが示されている。

---

[1] 『The Child and Working Tax Credits, the Modernisation of Britain's Tax and Benefit System Number Ten（CTCとWTC、イギリスの税と社会福祉制度の近代化・改革No.10）』2002年4月。

受給家族数データは千の位で示され、10,000の単位に四捨五入されている。また、給付総額データは百万の位で示され、10百万ポンドの単位に四捨五入されている。表のいくつかのデータは、四捨五入のため合計することができない。

過年度の制度との時系列比較

表2は、子供のいる低所得家族に対する就労者への4つの支援制度間の時系列比較を示している。低所得家族補助 (Family Income Supplement, 1971年から1988年まで実施)、家族控除(FC (Family Credit), 1988年から1999年まで実施)、就労家族税額控除 (WFTC, 1999年から2003年まで実施)、CTCとWTC (2003年から実施中) である。これらの制度間の捕捉率を直接的に比較することは、使われた方法とデータ資料の変更だけではなく制度自身の変更のためにできない。従って、表2は、捕捉率における水準や傾向のおおまかな指針として用いられることを勧める。

比較に関する問題をいくぶんか緩和するために、就労家族税額控除と家族控除の出版物で分析されたものと最も似たCTC、WTCの申請者グループの捕捉率を推計している。子供がいない人々、CTCにおいて家族要素以下を申請している人々、仕事をしていない人々の3グループは、就労家族税額控除と家族控除の下で申請されなかったとして除いた。就労家族税額控除と家族控除の捕捉率を推計する際に除外されたので、自営業者や北アイルランドの人々も除外した。これらの除外があっても、一般的に以前のものより、与えられた所得水準に対してより寛大な制度が導入されたと言える。そして、表2のデータの背後にある受給資格者数が長い年月をかけて増大されてきたことは心に留めておくべきである。

表中で使用される用語

CTC：児童税額控除

WTC：就労税額控除

受給家族数：現実の税額控除受給資格者の数

給付総額：税額控除受給者が受け取るであろう受給額の総額

有資格未受給家族 (ENR)：申請してないが現実には税額控除受給資格がある家族

申請されていない額：有資格未受給家族 (ENR) によって申請されていないが税額控除受給資格がある総額

給付資格額を申請するための所得：所得額は、"£2,500増加所得無視"を考慮に入れた後、家族がどのくらい申請されるかを十分推計した。

モデル化された受給資格：報告された生活状態に基づいて、家族が受給資格のある税額控除の年額

就労家族：少なくとも1人の大人が1週当たり16時間以上働く家族

第1節：概要

表1：CTCとWTCの捕捉率

	受給家族数 (千件)	有資格未受給家族 (ENR) 数 (千件)			受給家族数の捕捉率 (%)		
		下方信頼限界	中位推計値	上方信頼限界	下方信頼限界	中位推計値	上方信頼限界
CTC	5,670	1,080	1,240	1,400	80	82	84
WTC	1,770	1,020	1,130	1,240	59	61	63

	給付総額 (百万ポンド)	申請されていない総額 (百万ポンド)			給付総額の捕捉率 (%)		
		下方信頼限界	中位推計値	上方信頼限界	下方信頼限界	中位推計値	上方信頼限界
CTC	18,400	1,440	1,890	2,350	89	91	93
WTC	10,170	1,850	2,250	2,660	79	82	85

注：このCTCとWTCデータは、子供のいる家族ではCTCとWTCの両方を受けることがあるので足し算はできない。また、給付総額と申請されていない額は、CTCとWTCの給付資格がある家族に対する総税額控除給付額に関連することに注意すること（例えば、CTCデータはCTCとWTCの両方を受給するためのWTCデータを含んでおり、同様に、WTCデータはCTCとWTCの両方を受給するためのCTC支出を含んでいる）。

第2節：子供のいる家族

表2：時系列比較：子供がいる低所得就労家族の捕捉率

	受給家族数の捕捉率 (%)			給付総額の捕捉率 (%)		
	下方信頼限界	中位推計値	上方信頼限界	下方信頼限界	中位推計値	上方信頼限界
低所得家族補助						
1974-75		50			*	
1978-79		51			58	
1981-82		48			53	
1983-84		54			65	
1985-86		48			54	
1986-87		51			60	
家族控除						
1988-89**		57			67	
1990-91***		62			68	
1991-92+		66			73	
1993-94		71			81	
1994-95		69			82	
1995-96		70			83	
1996-97	71	75	82		88	
1997-98++	67	70	75		81	
1998-99	66	70	73		79	
就労家族税額控除						
2000-01	62	65	73		78	
2001-02	71	74	80		85	
2002-03+++	72	76	82		88	
CTCとWTC—子供のいる低所得就労家族						
2003-04	87	89	91	91	93	95
2004-05	87	90	93	93	95	98
2005-06	87	90	93	91	94	97

注：データは方法論、データ、および政策変更によって左右されているので、単に年次変化の概要を示すものとして使用されるべきである。上方信頼限界・下方信頼限界の範囲は1996-97年以前には公表されず、中位推計値は1996-97から2002-03は公表されなかった。

*給付総額の捕捉率は公表されていない。
**1988年4月から1989年12月
***1990年と1991暦年
+1991年と1992暦年
++改訂された推定。オリジナルは受給家族数で71〜76パーセントを、給付総額は80〜87パーセントを推定している。++
+++2002年4月から2002年11月+++
§自営業と北アイルランドに住んでいるものを除いたCTCの家族要素を越えて受給する就労者で子供のいる世帯。

過年度の資料：
家族所得補足 (FIS)：『Family Income Supplement Estimates of Take-up 1986-87 Technical Note (1986-87テクニカルノートの家族所得補足の捕捉率推計)』、雇用年金省社会保障分析局、1991年
家族控除：『Income Related Benefits Estimates of Take-up (所得年金給付の捕捉率推計)』、雇用年金省、様々な年
就労家族税額控除：『Working Families' Tax Credit Estimates of Take-up (就労家族税額控除の捕捉率推計)』、イギリス歳入関税庁、様々な年

表3：税額控除の種類別捕捉率

	受給家族数 (千件)	有資格未受給家族 (ENR) 数 (千件)			受給家族数の捕捉率 (%)		
		下方信頼限界	中位推計値	上方信頼限界	下方信頼限界	中位推計値	上方信頼限界
非就労、CTCのみ	1,410	60	100	140	91	93	96
CTCもWTCも両方	1,500	70	120	170	90	93	96
家族要素より大のCTCのみ	660	110	190	270	71	78	85
家族要素以下のCTCのみ	2,100	710	840	980	68	71	75

	給付総額 (百万ポンド)	申請されていない総額 (百万ポンド)			給付総額の捕捉率 (%)		
		下方信頼限界	中位推計値	上方信頼限界	下方信頼限界	中位推計値	上方信頼限界
非就労、CTCのみ	5,810	180	300	420	93	95	97
CTCもWTCも両方	9,650	310	580	860	92	94	97
家族要素より大のCTCのみ	1,740	290	500	710	71	78	86
家族要素以下のCTCのみ	1,200	370	450	520	70	73	76

注：不就労のCTCは所得補助や所得関連求職者給付で給付を得るものを含んでいる。より詳細については方法論に関する節を参照のこと。

表4：受給資格を計算するために使用された所得別の捕捉率

	受給家族数 (千件)	有資格未受給家族 (ENR) 数 (千件)			受給家族数の捕捉率 (%)		
		下方信頼限界	中位推計値	上方信頼限界	下方信頼限界	中位推計値	上方信頼限界
0〜10,000ポンド	920	10	40	70	93	96	99
10,000〜20,000ポンド	870	120	180	250	78	83	88
20,000〜30,000ポンド	1,070	140	230	310	77	83	88
30,000〜40,000ポンド	850	180	260	330	72	77	83
40,000〜50,000ポンド	410	170	230	300	58	64	71
50,000ポンド以上	140	150	220	290	33	39	49

	給付総額 (百万ポンド)	申請されていない総額 (百万ポンド)			給付総額の捕捉率 (%)		
		下方信頼限界	中位推計値	上方信頼限界	下方信頼限界	中位推計値	上方信頼限界
0～10,000ポンド	6,630	60	230	400	94	97	99
10,000～20,000ポンド	3,800	350	580	820	82	87	92
20,000～30,000ポンド	1,300	130	260	390	77	83	91
30,000～40,000ポンド	560	140	200	260	68	73	80
40,000～50,000ポンド	250	100	150	190	57	63	70
50,000ポンド以上	50	40	60	90	34	43	57

注： 就労家族のみ

表5：モデル上の受給資格額別の捕捉率

	受給家族数 (千件)	有資格未受給家族 (ENR) 数 (千件)			受給家族数の捕捉率 (%)		
		下方信頼限界	中位推計値	上方信頼限界	下方信頼限界	中位推計値	上方信頼限界
500ポンド未満	120	120	190	250	32	39	49
500～1,000ポンド	1,910	500	620	740	72	76	79
1,000～2,000ポンド	360	60	130	190	65	74	85
2,000～4,000ポンド	460	50	100	150	75	82	90
4,000ポンド以上	1,410	60	110	150	90	93	96

	給付総額 (百万ポンド)	申請されていない総額 (百万ポンド)			給付総額の捕捉率 (%)		
		下方信頼限界	中位推計値	上方信頼限界	下方信頼限界	中位推計値	上方信頼限界
500ポンド未満	30	0	10	30	62	77	100
500～1,000ポンド	1,070	280	350	410	72	76	79
1,000～2,000ポンド	480	80	160	250	66	75	85
2,000～4,000ポンド	1,390	160	300	430	76	83	90
4,000ポンド以上	9,620	350	630	910	91	94	97

注： 就労家族のみ

表6：家族類型別の捕捉率

	受給家族数 (千件)	有資格未受給家族 (ENR) 数 (千件)			受給家族数の捕捉率 (%)		
		下方信頼限界	中位推計値	上方信頼限界	下方信頼限界	中位推計値	上方信頼限界
ひとり親	1,050	10	60	110	90	95	100
夫婦と子供	3,210	930	1,090	1,240	72	75	77

	給付総額 (百万ポンド)	申請されていない総額 (百万ポンド)			給付総額の捕捉率 (%)		
		下方信頼限界	中位推計値	上方信頼限界	下方信頼限界	中位推計値	上方信頼限界
ひとり親	5,610	0	0	120	98	100	100
夫婦と子供	6,990	1,150	1,540	1,920	78	82	86

注： 就労家族のみ

表7：家族員数別の捕捉率

	受給家族数 (千件)	有資格未受給家族 (ENR) 数 (千件)			受給家族数の捕捉率 (%)		
		下方信頼限界	中位推計値	上方信頼限界	下方信頼限界	中位推計値	上方信頼限界
子供1人	1,920	530	640	760	72	75	79
子供2人	1,710	290	390	480	78	81	85
子供3人以上	630	60	120	190	77	84	91

	給付総額 (百万ポンド)	申請されていない総額 (百万ポンド)			給付総額の捕捉率 (%)		
		下方信頼限界	中位推計値	上方信頼限界	下方信頼限界	中位推計値	上方信頼限界
子供1人	4,330	450	690	920	82	86	91
子供2人	4,870	220	460	690	88	91	96
子供3人以上	3,400	90	370	640	84	90	97

注： 就労家族のみ

表8：最年少の子供の年齢別の捕捉率

	受給家族数 (千件)	有資格未受給家族 (ENR) 数 (千件)			受給家族数の捕捉率 (%)		
		下方信頼限界	中位推計値	上方信頼限界	下方信頼限界	中位推計値	上方信頼限界
0～4歳	1,540	310	410	520	75	79	83
5～9歳	1,170	170	250	330	78	83	88
10～15歳	1,260	230	310	380	77	80	84
16歳以上	300	120	180	250	55	62	72

	給付総額 (百万ポンド)	申請されていない総額 (百万ポンド)			給付総額の捕捉率 (%)		
		下方信頼限界	中位推計値	上方信頼限界	下方信頼限界	中位推計値	上方信頼限界
0～4歳	5,170	290	570	850	86	90	95
5～9歳	3,650	100	310	510	88	92	97
10～15歳	3,160	160	330	510	86	90	95
16歳以上	620	120	290	460	57	68	83

注： 就労家族のみ

表9：地域別の捕捉率

	受給家族数（千件）	有資格未受給家族（ENR）数（千件）			受給家族数の捕捉率（%）		
		下方信頼限界	中位推計値	上方信頼限界	下方信頼限界	中位推計値	上方信頼限界
イングランド北東部	200	10	50	80	72	82	93
イングランド北西部	520	80	130	180	74	80	87
ヨークシャとハンバー	400	30	70	110	79	86	94
イングランド中東部	330	60	90	130	71	78	86
イングランド中西部	410	30	80	130	75	83	93
イングランド東部	380	40	100	160	71	80	91
ロンドン	380	130	220	300	56	64	74
イングランド南東部	520	100	160	220	70	76	83
イングランド南西部	370	20	70	120	75	84	94
ウェールズ	230	30	60	100	69	78	90
スコットランド	370	40	80	120	75	82	90
北アイルランド	130	10	40	70	65	76	92

	給付総額（百万ポンド）	申請されていない総額（百万ポンド）			給付総額の捕捉率（%）		
		下方信頼限界	中位推計値	上方信頼限界	下方信頼限界	中位推計値	上方信頼限界
イングランド北東部	620	0	40	130	83	94	100
イングランド北西部	1,660	30	180	330	83	90	98
ヨークシャとハンバー	1,250	0	80	240	84	94	100
イングランド中東部	970	10	140	260	79	88	99
イングランド中西部	1,260	0	130	330	80	91	100
イングランド東部	1,000	0	120	280	78	90	100
ロンドン	1,240	50	340	620	67	79	96
イングランド南東部	1,340	0	170	340	80	89	100
イングランド南西部	1,020	0	80	190	84	93	100
ウェールズ	690	20	80	150	82	89	98
スコットランド	1,070	30	110	200	84	90	98
北アイルランド	440	0	60	110	80	89	99

注：就労家族のみ。地域は、官庁局の境界に従って定義されている。

第3節：子供のいない家族

表10：子供のいない家族の捕捉率

	受給家族数（千件）	有資格未受給家族（ENR）数（千件）			受給家族数の捕捉率（%）		
		下方信頼限界	中位推計値	上方信頼限界	下方信頼限界	中位推計値	上方信頼限界
WTCのみ	270	950	1,010	1,090	21	22	24

	給付総額（百万ポンド）	申請されていない総額（百万ポンド）			給付総額の捕捉率（%）		
		下方信頼限界	中位推計値	上方信頼限界	下方信頼限界	中位推計値	上方信頼限界
WTCのみ	450	1,260	1,440	1,630	26	28	30

表11：受給資格を計算するために使用された所得別の捕捉率

	受給家族数（千件）	有資格未受給家族（ENR）数（千件）			受給家族数の捕捉率（%）		
		下方信頼限界	中位推計値	上方信頼限界	下方信頼限界	中位推計値	上方信頼限界
0～10,000ポンド	180	470	500	540	25	26	28
10,000ポンド以上	90	480	510	550	14	15	16

	給付総額（百万ポンド）	申請されていない総額（百万ポンド）			給付総額の捕捉率（%）		
		下方信頼限界	中位推計値	上方信頼限界	下方信頼限界	中位推計値	上方信頼限界
0～10,000ポンド	420	940	1,040	1,150	27	29	31
10,000ポンド以上	30	320	400	480	6	8	9

表12：モデル上の受給資格額別の捕捉率

	受給家族数（千件）	有資格未受給家族（ENR）数（千件）			受給家族数の捕捉率（%）		
		下方信頼限界	中位推計値	上方信頼限界	下方信頼限界	中位推計値	上方信頼限界
500ポンド未満	40	250	280	300	12	13	14
500～1,000ポンド	40	180	220	270	14	16	20
1,000～2,000ポンド	70	200	230	260	20	22	25
2,000ポンド以上	120	300	320	340	26	28	29

	給付総額（百万ポンド）	申請されていない総額（百万ポンド）			給付総額の捕捉率（%）		
		下方信頼限界	中位推計値	上方信頼限界	下方信頼限界	中位推計値	上方信頼限界
500ポンド未満	10	60	70	90	11	12	15
500～1,000ポンド	30	130	160	190	14	16	20
1,000～2,000ポンド	100	280	330	370	20	23	26
2,000ポンド以上	380	830	890	960	28	30	32

表13：家族類型別の捕捉率

	受給家族数 (千件)	有資格未受給家族 (ENR) 数 (千件)			受給家族数の捕捉率 (%)		
		下方信頼限界	中位推計値	上方信頼限界	下方信頼限界	中位推計値	上方信頼限界
子供なし単身	190	510	560	1,400	24	25	27
子供なし夫婦	80	440	470	490	14	15	16

	給付総額 (百万ポンド)	申請されていない総額 (百万ポンド)			給付総額の捕捉率 (%)		
		下方信頼限界	中位推計値	上方信頼限界	下方信頼限界	中位推計値	上方信頼限界
子供なし単身	330	510	620	740	31	35	40
子供なし夫婦	190	720	820	920	17	19	21

方法論

この節は、計算に使われた各要素がどのように作成されて、捕捉率を推定するのにどのように利用されたかを説明する。

1/ 行政記録にある受給家族件数

この出版物で使用される行政記録上のデータの大部分は、以前に公表された『Child and Working Tax Credits Statistics -Finalised Annual Awards, 2005-06』で使用されたものと同じである[2]。これらのデータは、サブ期間の長さによって重み付けされた税額控除資格の各サブ期間を持つすべて2005-06年の税額控除記録から計算される。使用されるデータに関するその他の詳細は、上記出版物のテクニカルノートで入手することができる。

特に注意する点は、子供がいて失業している家族の処理である。2005-06年に子供がいて失業している家族は、CTCによってか、あるいは、失業保険の子供手当によって（所得補助、所得関連制求職者給付か年金受給者の最低所得保障）、児童支援を受け取っていた。後者のグループの受給家族数の推計値は存在しているが、彼らの年間の所得、または彼らが受け取っていた子供手当の水準に関する詳細な情報はなかった。このため、表4以降、就労家族のみに分析を制限している。表1と3の給付総額ベースの捕捉率は、行政記録上の受給家族件数データとFRSから算出された受給資格者額の平均値との組み合わせで計算されている。

2/ FRS からの有資格未受給家族 (ENR) の推計

FRS は、現在の所得および他の生活状態をカバーしている最もよく、かつ入手可能な調査データ資料であると考えられる。従って、それは、「有資格未受給家族 (ENR)」、つまり、2005-06 年に税額控除の資格があったが受給しなかった家族に関する推計の基礎となっている。

FRSを利用して税額控除制度をモデル化する主な欠点のひとつは、税額控除の資格は年間所得に基づいているが、FRSの推計は、大部分が期間内の特定の時期の「スナップショット（特定時点データ）」に過ぎないことである。従って、もし毎週の所得を年間に換算して、FRSの特定家族は税額控除を与えられるようにみえても、実は、その週の所得は、全体としては、その年を代表していないかもしれない。これまでの研究では、多くの家族が、年間平均所得とはかなり異なる週間所得を得ていることがわかっている。

しかし、いくつかの点で、FRSは、当初に想定したほどには、これらの所得変動の問題に陥りやすいとは言えないかもしれない。FRSの所得における多くの源泉は、様々な理由のために「週」単位ではない。すなわち、家族内の多くの個人々は月単位で支払われている。FRSの質問には、特定の週または月の所得ではなく、「通常の」所得を尋ねるものがある。そして、しばしば被雇用者ではない所得源のいくつか（例えば自営業所得、および利子と投資所得）は年換算で記録されている。さらに、FRSは年間を通して連続的に実行される調査で、所得の変化が関連していなければ（例えば、季節要因がなければ）、個人レベルで測った所得の不規則な変動は、年間データを全体的にみたときに取り除かれるかも知れない。これらの考慮の結果として、また、正確な「年間の」大規模な所得の調査は存在していないので、FRSのデータは、2005-06年の所得の最もよく、かつ入手可能な像を与えるものとみなされる。

年換算の問題は別として、FRSは、モデル化しようとしたときに、周知の問題点と、周知ではない問題点を持っている。自営業者からの所得は、一般に、他のFRSの所得データほど信頼できないと考えられる。しかし、近年はこの問題も改善されて、自営所得は、現在、『the Department for Work and Pensions Households Below Average Income』の出版物に使われているように、十分に信頼できると考えられる。さらに、自営所得のある家族は、就労家族税額控除の捕捉率推計から除外されたけれども、除外された部分は、就労家族税額控除が支給されているか、失業中に支給されている税額控除制度においては少ないと理解している。時系列の比較を容易にするためにそれらを明確に除いた表2を除いて、自営業者をすべての表に含めている。

より知られていない問題として、特に2つを強調しておく。ひとつめは、所得税と関連する規則と同じく、現在、税額控除において現物給付（例えば社用車）を所得に含んでいることである。現物給付についてのFRSの情報は制限されているため、行政記録データを使って現物給付からの所得をインピュテーションすることを試みた。

2つめの問題は所得ではなく、障がいと関連している。障がいの就労要素への給付資格（そして、50歳以上の復職の就労要素）は、FRSを使用して信頼できるモデルを作ることは極めて難しい。現在の給付資格のある受け取りに基づいて、部分的な障がい就労要素の給付資格をモデル化したが、過去の受け取り（例えば、就業不能給付）をモデル化する試みを行っていない。さらに、50歳以上の復職の就労要素のすべてにおいて、モデル化することを試みていない。これらの要素の除外は、有資格未受給家族 (ENR) 数を過小評価し、受給家族数の捕捉率を高く推計する傾向を示しているかもしれない。

3/ "£2,500増加所得無視" の調整 – BHPSデータ

税額控除資格は、FRSのモデル化で仮定しなければならなかった2005-06年の所得に、直結しているわけではない。2004-05年の給付額の確定と同じく、2005-06年の税額控除の給付額は、2004-05年の所得に基づいている。しかし、もし申請者がより正確であると考えられる2005-06年の所得推定額があれば、それを反映させて年度内に調整されているかもしれない。2005-06年の課税年度が終了したら、受給者は給付を受けるときに2005-06年の確定所得額を報告することができた。しかし、2004-05年から2005-06年の間に増加した所得のうち最初の2,500ポンドは税額控除の計算では算入しないという"£2500増加所得無視"が適用された。

このことは、税額控除の受給資格を決定するために使用された所得には、異なった3つの定義があることを意味している。それは、2004-05年から2005-06年の間の所得変化の方向と大きさに依存している。

- もし2004-05年から2005-06年にかけて所得が減少していたら、2005-06年の所得が使用される。
- もし所得が変化していないか、あるいは2004-05年から2005-06

---

[2] http://www.hmrc.gov.uk/stats/personal-tax-credits/cwtc-annual-0506.pdfで入手できる
[3] Hills, J., Smithies, R., McKnight, A 『Tracking Income: How Working Families' Incomes Vary Through the Year』 2006年

年にかけての増加額が2,500ポンド以下であれば、2004-05年の所得が使用される。
・ もし2004-05年から2005-06年にかけて2,500ポンドよりも増加していたら、2005-06年の所得から2,500ポンドを差し引いたものが使用される。

明らかにこの受給資格の定義は、2005-06年の所得や他の税額控除の受給資格と関係する生活状態と関連した2004-05年の所得を必要としている。このためには、BHPSや『DWP's Families and Children Study：FACS』のような長期のパネル調査が必要である。子供がいない家族の情報を必要とするために、この出版物ではBHPSを使用した。これまで上記2つの調査データの値はおおむね一致していたので、今年度はFACSデータを使用しなかった。

BHPSデータは、有資格未受給家族（ENR）数を調整する家族数調整係数（caseload adjustment factor）として利用されている。調整係数は、以下の比率で定義されている。

現実（2004-05年と2005-06年）の所得規則に基づいた有資格未受給家族（ENR）数
2005-06年の所得規則に基づいた有資格未受給家族（ENR）数

ほとんどの場合には、"£2500増加所得無視"の効果は受給資格者を増加させるので、この係数は1以上である。たとえば、2005-06年の所得が税額控除の給付を受けるのに少し超える程度である家族は、2004-05年の所得では税額控除の給付資格があり、前年から所得が2,500ポンド未満しか増加しなかった場合には、受給資格があることになる。

4/ 遡及調整
遡及調整は、税額控除の給付は3ヶ月までさかのぼることができるという事実を説明するためにある。調査に基づく推計値はどのようなものであれ、遡及という制度のために、有資格未受給家族（ENR）数を過大に推計してしまうようだ。なぜならば、FRSの調査期日以降に申請を行うことや、すでに申請しているが給付を待っている家族は、その期日にさかのぼって税額控除を受けることになるからである。

遡及的に給付された家族数は、行政記録データによって計算されている。2005-06年の給付に関する行政記録データと2005-06年に抽出したいくつかのスナップショット（特定時点）・データとを結合した。これらのスナップショット（特定時点）・データは、大人が一人の申請者の10%標本と、大人二人以上申請者の20%標本である。もし主要なデータセット上での給付開始日が、「スナップショット（特定時点）」データに初めて加わった時の日付以前であれば、遡及した給付が行われたと仮定して、それらの給付が始まった日付と「スナップショット（特定時点データ）」上に最初に現れた日付の間の日数を計算する。そして、その日数に、（大人が一人の申請家族ならば）10、そして（大人が二人以上の申請家族ならば）5の因数（抽出率の逆数）を掛けて、365で割ることによって、給付を求めた。

5/給付総額が0まで減らされた受給者のための調整
2005-06年のFRSは、税額控除を申請して給付を受ける資格を有しているが、これまでの過剰支払いに対して返戻している場合に受給額が0になっている家族を識別することができない。そのようなケースは、年度内の過剰支払い（たとえば、2005-06年に過払いを受けていた）の場合や、複数年度の過剰支払い（たとえば、2004-05年や2003-04年に過払いを受けていた）の場合に生じている。複数年の過払いを返戻するための給付の減額には制限がある。現在のところ、最大額の給付を受ける資格がある場合には10%、最初の減額については25%までに制限されているが、CTCの家族要素については0にまで減額されることが許されている。2005-06年のみの過剰支払いについては返戻額の制限はない。

家族が税額控除を受けているかを尋ねている税額控除の受給に関するFRSの質問に基づくと、このような税額控除の受給額が0にまで減額されている家族は、仮に税額控除を申告しており受給資格があったとしても、不受給家族だと誤って分類されてしまう。従って、給付と受給資格に関する行政記録データに基づいて、このような状態にある家族数を推計し、有資格未受給家族（ENR）の推計値から差し引いた。

上方信頼限界と下方信頼限界の導出
この出版物で使用しているデータの多くは標本から得られたものであり、いくつかの異なった標本から得られた推計値を組み合わせているから、推計値は標本誤差を伴っている。その範囲を示すにあたって、不確実性を伴う2つの大きなデータに焦点を絞っている。それらは、FRSから導出される有資格未受給家族（ENR）の推計値と、BHPSから導出された"£2500増加所得無視"係数の推計値である。行政記録データの推計値（遡及あるいは給付額が0に減額されている場合の調整を含む）はすべての行政記録データあるいは非常に大きい標本から得られているので、これらのデータから得られる標本誤差は無視した。

FRSから導出された有資格未受給家族（ENR）数の推計値は、標本誤差を受けやすい。税額控除を受けていない有資格家族数の比率の推定値の標本誤差を計算することによって、その分散を推定した。具体的には、FRSデータから計算し、これに受給資格がある家族数を掛け、その結果を二乗した。

"£2500増加所得無視"調整係数の分散は、BHPSから直接的に推定する代わりに、調整係数の分母と分子をそれぞれ推定した。いいかえると、2005-06年の所得規則に基づいた有資格未受給家族（ENR）の分散と、実際の規則に基づいた有資格未受給家族（ENR）の分散をそれぞれ推定した。その後、それらの比率の分散を次の式によって求めた[4]。

$$V(R) = \frac{(s_Y^2 + R^2 s_X^2 - 2Rs_{XY})}{nX^2}$$

で、上式は、デルタ法による確率変数の比の分散の近似を示している。

ここで、Xは比率の分母、Yは比率の分子、Rは比率、nは標本数、s_X^2、s_Y^2とs_{XY}はX、Yの分散とX・Yの共分散を、それぞれ示している。

FRSからの有資格未受給家族（ENR）推定値の標本分散と、"£2500増加所得無視"調整係数の標本分散を結合するために、次式を使用した[5]。

$$V(P) = s_Z^2 s_R^2 + Z s_R^2 + R s_Z^2$$

ここで、Zは有資格未受給家族（ENR）の推定値、Rは"£2500増加所得無視"調整係数比率、PはZとRの積、s_Z^2とs_R^2はそれぞれの標本分散を示している。なお、ZとRは別々のデータから得られているので、無相関である。

V(P)は、"£2500増加所得無視"調整係数で調整された有資格未受給家族（ENR）の分散の最終的な推定量である。この値の平方根をとって、95%信頼区間を推定するために1.96を乗じ、補足率の範囲を導くための上方信頼限界と下方信頼限界に使用した。明らかに平均的な受給資格金額は、受給家族数と比べてより範囲が大きくなるような分散をとると思われるが、給付総額データについても同様の計算をおこなった。

---

[4] 例えばCochran, W. G.『Sampling Techniques』第3版、p155 を参照のこと。
[5] 例えばBarnett H.A.R.『The Variance of the Product of Two Independent Variables and its Application to an Investigation Based on Sample Data』アクチュアリー協会ジャーナル、81号、p190、1955年を参照のこと。

資料2

HM REVENUE AND CUSTOMS Analysis Team
Child and Working Tax Credits Statistics- Finalised annual awards 2005-06
© Crown Copyright 2007

序論

児童税額控除(CTC)は、扶養義務を負うべき(16才の8月31日までの)子供と、(2005-06年においては、19才の誕生日までのフルタイムの中等教育を受けている)「一定の条件を満たしている」青年のいる家族を支援する。それは児童手当(Child benefit)に加えて支払われる。

就労税額控除(WTC)は、低所得か中程度の所得である家族の所得を補う。少なくとも週16時間働いている人々は、以下の(a)から(d)のいずれかの場合に申請することができる。(a) 扶養義務を負っている少なくとも1人の子供か、あるいは、一定の条件を満たしている青年がいる、(b) 仕事につくのに障がいがある、(c) 6カ月間以上失業手当を受け取った後、50歳以上で直近1年以内に仕事に戻った場合、(d) 25歳以上で週30時間以上働いている場合。

CTCとWTCは、子供がいてもいなくても、個人あるいは夫婦(この出版物では「家族」と記述)によって申請される。

2005-06年のCTCおよびWTCの家族への給付資格は、2005-06年の生活状態(就労時間、子供の数、保育コスト、障がい者)と、2004-05年と2005-06年の所得に依存する(さらなる詳細に関しては、テクニカル・ノートを参照のこと)。表は、2005-06年における日々の生活状態のデータとその年に最終的に報告された所得からモデル化されたもので、2005-06年の日々の給付資格レベルによって家族を分類している。所得によって、給付額は0まで漸減されることがあるので、これらの表はモデル上0より大きい給付資格を持つ家族だけを示している。

表中の就労家族についての数値は、膨大な2005-06年給付額についての2007年4月時点での税額控除コンピュータシステムから抽出されたデータに基づいている(テクニカル・ノートを参照)。就労家族のためのデータは、下を参照すること。

出版物『スナップショット』との関係

2005-06年についての税額控除給付は、(所得は上記期間中に変動しているが)直近の報告された所得で計算された。多くの給付については、(ほとんどの家族は2005-06年に2004-05年の所得を報告しており、給付額に影響を与えるような所得の変動があれば2005-06年の所得は年内に推計値を報告するように促されているが)最初の支払いは2003-04年の所得で計算されている。2005年12月と2006年4月を基準日とする『CTC、WTC 統計書』の『スナップショット』は、基準日までに把握された生活状態と所得の情報によって家族を分類した。

2006-07年に、家族は2005-06年の生活状態と所得に関する確定した情報を提供した。その情報によって、2005-06年の「最終的な(確定)」給付額が決定された。表は、これらの確定給付額に基づいている。

受給者と給付資格者数の年間平均

最終的にモデル化された家族の給付資格は、例えば、子供の数が変化したり、就業、失業することによって、2005-06年の間に変化している。さらに、家族は、(例えば、夫婦が別れることによって新たに給付を受けることになる、または、家族が前述した給付資格を満たすか、失うことによって)給付資格を得たり失ったりする。

この表は、各自の属性を持つ受給家族の年間平均値、すなわち、1年間全体を通した平均を示している。例えば、就労期間だけ、WTCを受給する資格がある。表で示されたWTC給付資格がある家族数の平均値は、それぞれの家族がWTCの給付資格があった期間の割合を考慮に入れている。

各々の属性を持つ家族の総年間給付資格額(百万ポンド)は、すべての給付について、これらの属性を持っていた期間を考慮したものである。したがって、年間の平均給付資格額(ポンド)は、年間を通じた額を、これらの属性を持つ家族数の平均値で除した数値である。

子供を持つ非就労家族のカバレッジ

家族については、複数いる大人のうち1人あるいは単身の大人が週に16時間以上働いているならば、就労していると定義される。

子供を持つ非就労家族のうち、CTCを通して児童支援を受ける者もいれば、児童特別給付(所得補助(Income Support)または所得関連制求職者給付(income-based Jobseeker's Alllowance)の中に含まれる)を通して児童支援を受ける者もいる。この出版物のすべての表は、適切であれば、それらの支援源の如何に関わらず、上記のような非就労家族を含んでいる。

出版物の変更

非就労家族は、以前のこの出版物と比べて、より多くの表に含まれており、数値は、より高い有効桁数で表示されている。

この出版物における2005-06年給付資格と「支払いに関する補足」

この出版物では、モデル化された年間給付資格額が185億8,500万ポンドになっている。この内訳は、25億8,300万ポンドが給付を通じての児童支援、160億200万ポンドが税額控除給付を通じたものである。2005-06年の支払いの補足によれば、税額控除を通じた実際の給付資格額は160億3,500万ポンドになっており、後者が3,300万ポンド高くなっている。この差は (a) この出版物中のモデル化された給付資格が小標本で不確かであることと、(b) 支払いに関する補足支払いによる値が、この出版物ではモデル化されていない、いくつかの給付資格を含んでいること、により説明される。

地理的な分析

この出版物は、(北アイルランドを含む)連合王国をカバーしている。別の出版物には、個々の国、イングランドの地域、地方自治体、および選挙区ごとの分析がある。

主な総計

注:図は別々の有効桁数で表示され、総数を合計せずに表示されるような構成要素に結びつく可能性がある。

確定給付に基づいた2003-04年~2005-06年の受給家族の平均は次のとおりである。

	2003-04	2004-05	2005-06
(百万件)			
総受給家族	5.7	5.89	5.94
非就労家族(子供を持つすべて)	1.4	1.38	1.41
就労家族	4.34	4.51	4.53
子供をもたない家族(WTCのみ)	0.16	0.23	0.27
子供を持つ家族	4.17	4.28	4.26
家族要素(545£)より大きい給付資格	2.08	2.12	2.16
家族要素(545£)以下の給付資格	2.09	2.15	2.10
次のもののために、給付資格が高かった家族	(千件)		
保育要素	268	304	339
障がいを持つ就労者要素	64	79	89
家族要素(乳児加算)-就労家族	361	371	364
家族要素(乳児加算)-その他の家族	..	..	151

表1.1　2003-04年、2004-05年と2005-06年の税額控除より給付家族：年間平均

		計	就労していない家族	計	就労している家族					子供なし (WTCのみ)
					WTCも CTCも受給	子供あり			合計	
						CTCのみ			
						家族要素より大	家族要素以下			
2003-04[2]	件数（千件）	5.7m	1.4m	4,336	1,438	640	2,093	4,171	164
	給付資格額（百万ポンド）[3]	16,400	5,100	11,314	8,334	1,477	1,206	11,017	296
2004-05	件数（千件）	5,888	1,379	4,508	1,445	679	2,151	4,275	234
	給付資格額（百万ポンド）[3]	17,709	5,353	12,356	8,974	1,717	1,235	11,926	431
	CTC	13,564	5,353	8,211	5,259	1,717	1,235	8,211	-
	WTC	4,145	-	4,145	3,714	-	-	3,714	431
2005-06	件数（千件）	5,939	1,406	4,533	1,496	664	2,101	4,261	272
	給付資格額（百万ポンド）[3]	18,585	5,474	13,111	9,648	1,742	1,201	12,591	520
	CTC	14,017	5,474	8,543	5,600	1,742	1,201	8,543	-
	WTC	4,568	-	4,568				4,048	520

注　これらの表は確定給付である。それらは年内の日付の「スナップショット」出版物に現れるものと異なる基準である。それはそれらの日付によって知られていた情報に基づいた。序論を参照すること。

1 何年か初めの項は、非就労家族の推計値はいかあっても大まかなものしか利用できない。このように示された表の「140万ポンド」は百万で示されるおおよその推計である。失業保険によって支援レベルを同等にした返戻することを含めて、非就労家族に推計（序論を参照）。

2 この出版物の前の号で公表されるような受給資格は、それ以降どのような変更も無視する。

3 これらの額の定義については序論を参照すること。2003-04年のために1億ポンドの単位で四捨五入された。

表1.2　夫婦と単身の大人の給付件数　子供の件数と年間給付資格

千件

	受給家族			受給家族の子供の件数
	合計	夫婦	単身	
すべての家族				
計	5,939	3,643	2,297	10,088
子供あり	5,667	3,562	2,105	10,088
その他	272	81	191	-
子供あり非就労家族				
計	1,406	352	1,055	2,666
CTC受取	758	234	524	1,407
最大級の給付	706	194	512	1,318
逓減した	52	41	11	89
家族特別給付受取[2]	649	118	531	1,259
就労家族				
計	4,533	3,291	1,242	7,422

	受給家族			受給家族の子供の件数
	合計	夫婦	単身	
子供あり	4,261	3,210	1,050	7,422
WTCとCTC受取	1,496	668	828	2,685
最大級の給付	419	140	279	779
逓減した	1,076	528	548	1,907
CTCのみ受取	2,765	2,542	223	4,737
家族要素より大きい	664	559	105	1,409
家族要素	1,961	1,845	116	3,087
家族要素以下	140	139	1	241
子供なし（WTCのみ）	272	81	191	-
最大級の給付	63	11	52	-
逓減した	209	70	140	-

1 給付は逓減を通して縮小されない場合は、家族が失業保険の受取を通した最大級のCTCを保証されるため、年所得は適切な初めの入口値より小さいためかのどちらかである。

2 序論を参照。逓減ではない。

表2.1　2003-04年、2004-05年と2005-06年の受給家族の数　年間平均と総給付資格額

千件、百万ポンド

	2003-04	2004-05	2005-06
すべての家族			
WTCとCTCのみ	1,438	1,445	1,496
家族要素より大きいCTCのみ	640	679	664
CTC家族要素	1,982	2,019	1,961
家族要素以下のCTC	112	133	140
就労している、子供ありの計	4,171	4,275	4,261
子供なし（WTCのみ）	164	234	272
就労している合計	4,336	4,508	4,533
就労していない[1]	1.4m	1,379	1,406
計	5.7m	5,888	5,939
子供がいるこれらの家族			
WTCとCTCのみ	2,628	2,606	2,685
家族要素より大きいCTCのみ	1,382	1,449	1,409
CTC家族要素	3,280	3,229	3,087
家族要素以下のCTC	198	233	241
就労している、子供ありの計	7,488	7,515	7,422
就労していない[1]	2.6m	2,624	2,666
計	10.1m	10,139	10,088
子供あり単身の大人			
WTCとCTCのみ	788	799	828
家族要素より大きいCTCのみ	94	105	105
CTC家族要素	107	116	116
家族要素以下のCTC	1	1	1
就労している、子供ありの計	990	1,021	1,050
就労していない[1]	1.1m	1,031	1,055

	2003-04	2004-05	2005-06
計	2.2m	2,053	2,105
給付家族			
30時間以上就労要素	1,628	1,716	1,757
障がいを持つ就労者要素	64	79	89
重度の障がいを持つ就労者要素	47	34	28
50歳以上の再就職要素	8	15	14
保育要素-夫婦	83	96	106
保育要素 単身	185	208	233
家族要素（乳児加算）-就労家族	361	371	364
家族要素（乳児加算）-非就労家族	..	..	151
障がい児要素	98	107	110
重度障がい児要素	45	47	47
年間の給付資格額（百万ポンド）			
WTCとCTCのみ	8,334	8,974	9,648
家族要素より大きいCTCのみ	1,477	1,717	1,742
CTC家族要素	1,166	1,190	1,156
家族要素以下のCTC	40	45	45
就労している、子供ありの計	11,017	11,926	12,591
子供なし（WTCのみ）	296	431	520
就労している計	11,314	12,356	13,111
就労していない[1]	5,100	5,353	5,474
計	16,400	17,709	18,585

1 非就労家族の推計値には、非就労給付を通して同等水準の支援を受けている家族が含まれる（概要を参照）。非就労家族の推計値は2003-04年では無いか近似値程度しか利用できない。したがって、図に示された「1.4m」は百万において示されたおおよその推計値である。2003-04年の受給資格額の推計値はおおよそのもので、1億ポンドに近いところで丸められた値である。

2 非就労家族の推計値は利用できない、といいえ、2006年5月には、障がい児要素からは、8,755千の非就労家族が、重度の障がい児要素からは15万千の非就労家族に給付を受けており、それは当時のCTC給付かあるいは給付手当を通じた同等のものかのどちらかで受け取った（概要を参照）。2006年4月時点で、就労家族の同様の推計値は、それぞれ12万4千家族、5万1千家族であった。

表 2.2 子供のいる給付家族の平均件数と年間給付資格

千件、百万ポンド

	計	非就労家族	就労家族 合計	WTCとCTC受取	CTCのみ受取 家族要素より大	CTCのみ受取 家族要素	CTCのみ受取 家族要素以下
家族規模							
すべての家族							
子供1人	2,562	640	1,922	688	167	1,008	58
子供2人	2,153	447	1,706	534	309	798	65
3人子供	692	204	488	195	140	139	14
子供4人以上	260	116	145	78	48	16	2
計	5,667	1,406	4,261	1,496	664	1,961	140
夫婦							
子供1人	1,444	131	1,313	225	113	917	57
子供2人	1,482	115	1,367	258	269	776	65
子供3人	466	62	405	123	130	137	14
子供4人以上	170	44	126	62	46	16	2
計	3,562	352	3,210	668	559	1,845	139
単身							
子供1人	1,117	508	609	463	54	92	1
子供2人	671	332	339	276	41	22	0
子供3人	226	143	83	72	9	2	0
子供4人以上	91	72	19	17	2	0	0
計	2,105	1,055	1,050	828	105	116	1
1歳未満の子供あり	522	158	364	129	70	150	15
これらの家族の子供の数							
すべての家族	10,088	2,666	7,422	2,685	1,409	3,087	241
夫婦	6,560	756	5,804	1,382	1,239	2,944	239
ひとり親	3,528	1,910	1,618	1,304	170	143	2
平均給付資格額							
子供1人	£2,271	£2,325	£2,253	£5,020	£1,548	£592	£331
子供2人	£3,098	£4,037	£2,852	£6,797	£2,423	£586	£315
子供3人	£4,988	£5,846	£4,629	£8,641	£3,474	£592	£319
子供4人以上	£8,166	£8,550	£7,860	£11,183	£5,223	£602	£342
計	£3,188	£3,892	£2,955	£6,450	£2,625	£589	£322
総年間給付資格額（百万ポンド）							
子供1人	5,816	1,487	4,329	3,454	259	597	19
子供2人	6,670	1,804	4,866	3,629	749	467	20
子供3人	3,453	1,194	2,258	1,687	485	82	5
以上子供4人	2,126	989	1,138	877	250	10	1
計	18,065	5,474	12,591	9,648	1,742	1,156	45

表2.3 30時間以上就労要素より給付されている就労家族の平均件数

千件

	合計	夫婦 子供あり	夫婦 子供なし	単身 子供あり	単身 子供なし
給付家族計	1,757	1,076	78	434	170
WTCとCTC	879	534	-	345	-
CTCのみ、家族要素より大	631	542	-	89	-
子供なし(WTCのみ)	248	-	78	-	170

1 これらは、30時間以上就労要素を申請していて、(a)子供がいてかつ家族要素以上の給付額（資格水準）を持つか、あるいは(b)子供がおらず、かつ正の給付のある家族。

表2.4 保育要素より就労給付家族の平均件数

千件

	計	夫婦	単身
給付家族計	339	106	233
WTCとCTC	273	56	217
家族要素以下のCTC	67	50	17
認可される法的に適格な保育費用額（週間当たりポンド）			
20ポンド未満	43	10	33
20〜39.99ポンド	62	16	46
40〜59.99ポンド	56	18	38
60〜79.99ポンド	44	15	29
80〜99.99ポンド	38	13	24
100〜149.99ポンド[2]	64	22	42
150ポンド以上	34	12	21
計	339	106	233
この要素による年間給付資格の増加額（百万ポンド）	858	244	613
保育費用の平均支援額（週間当たりポンド）[3]	£48.45	£44.18	£50.39

1 保育要素を申請し、かつ家族要素以上のCTCを持つ家族。
2 許可された最大費用を考慮した後（付録Bを参照）。
3 給付額と保育費用を除いた概念的給付額の差。

表2.5 障がいを持つ就労者要素より給付を受けている就労家族の平均件数

千件

	計	夫婦と子供	夫婦と子供なし	ひとり親と子供	単身子供なし
給付家族計	89	25	12	14	38
WTCとCTC	33	19	-	14	-
家族要素以下のCTC	6	6	-	-	-
子供なし（WTCのみ）	50	-	12	-	38
障がい者1人	88	25	11	14	38
障がい者2人	1	1	-	-	-

1 これらは、障がい就労者要素を請求している家族で、(a)子供ありでCTCが家族要素以上の給付を受けている、あるいは(b)子供なしで正のWTCの給付を受けているのかのどちらかである。障がい就労者には、重度の障がいを持つ人が含まれ、表2.6にも含まれている。
2 この表をとおして「就労者」とは少なくとも週16時間就労している大人を意味する。

表2.6 重度の障がいを持つ大人要素より給付を受けている就労家族の平均件数

千単位

	計	子供のいる夫婦	子供のいない夫婦	子供のいる単身者	子供のいない単身者
受給家族総数	28	15	7	2	4
WTCとCTC	12	10	-	2	-
CTCのみ、家族要素より大	5	5	-	-	-
子供なし（WTCのみ）	11	-	7	-	4
重度の障がいを持つ大人1人	27	15	7	2	4
大人両者が重度障がい					

1 重度の障がいを持つ大人要素がある家族で、(a)子供ありで家族要素以上のCTCを受けている、あるいは子供なしで正のWTC給付を受けているのかのどちらかである

表2.7 障がい児要素より給付を受けている就労家族の平均件数

千単位

	計	夫婦 障がい児1人	夫婦 障がい児2人以上	単身 障がい児1人	単身 障がい児2人以上
給付家族計1,2	110	75	7	27	1
WTCとCTC	57	30	3	23	1
家族要素以下のCTC	53	45	4	4	-
家族規模					
子供1人	24	14	-	10	-
子供2人	47	33	3	11	1
子供3人	26	19	3	4	-
子供4人以上	12	9	2	1	-
障がい児の人数	118	75	14	27	2

1 障がい児要素と家族要素以上のCTCを持つ家族。障がい児は表2.8の重度の障がい児を含む。
2 非就労家族の推計は入手できない。しかしながら2006年5月にこの要素から受給した非就労家族は3万5千件おり、臨時のCTC給付あるいは同等の給付をとおしてどちらか一方で給付が行われた。2006年4月時点では、それと同等の推計によれば、就労家族数は12万4千件であった。

表2.8 重度の障がい児要素から給付を受けている就労家族数の平均

千単位

	計	夫婦	単身
受給家族総数	47	37	10
WTCとCTC	23	14	9
CTCのみ、家族要素より大	24	22	1
家族規模			
子供1人	10	6	4
子供2人	20	16	4
子供3人	12	10	2
子供4人以上	6	5	1
重度の障がい児の人数	47	37	10

1 重度の障がい児要素と家族要素以上のCTCを持つ家族
2 非就労家族の推計値は入手できない。しかしながら、2006年5月にこの要素から受給した非就労家族3万5千件おり、臨時のCTC給付あるいは同等の給付をとおしてのどちらか一方で、給付が行われた。2006年4月時点では、それと同等の推計によれば、就労家族数は5万1千件であった。

表2.9 漸減される給付に使用される所得階層区分における就労受給家族数の平均

千単位

	計	5,220ポンド以下	5,221ポンド～9,999ポンド	10,000ポンド～19,999ポンド	20,000ポンド～29,999ポンド	30,000ポンド～39,999ポンド	40,000ポンド～50,000ポンド	50,000ポンド以上
計								
WTCとCTC	1,496	411	505	546	31	3	-	-
CTCのみ、家族要素より大	664	-	-	320	313	28	2	-
CTCの家族要素	1,961	-	-	3	725	828	406	-
CTCの家族要素より小	140	-	-	-	-	-	-	140
子供あり計	4,261	411	505	869	1,068	859	409	140
子供なし（WTCのみ）	272	63	118	89	1	-	-	-
計	4,533	474	624	958	1,069	859	409	140
使用される所得の由来								
2005-06所得＜2004-05所得								
給付額増加	719	80	192	285	96	15	26	24
給付額影響なし	277	69	1	2	99	81	24	-
2005-06年所得が2,500ポンドまで2004-05年所得超	2,517	234	311	443	631	598	262	37
2005-06年所得＞2004-05年所得+2,500ポンド								
給付額の縮小	652	-	118	226	174	46	9	79
給付額影響なし	369	91	1	1	69	119	87	-
計	4,533	474	624	958	1,069	859	409	140

1 テクニカルノートを参照。増加所得無視を控除した後だが、第1の控除を控除する前。
2 2005-06年の所得は、2004-05年所得を2,500ポンド以上超えていて、2005-06年所得が（2004-05年所得より）2,500ポンド少ない場合使用する。テクニカルノート参照。
3 2005-06年所得が2004-05年所得未満か、2004-05年の所得を2,500ポンド以上超えている場合でさえ、給付は最大限に残されても、家族水準あるいはゼロまで漸減されるかも知れない。

表2.10 年間給付資格額の階層区分における受給家族数の平均

千単位

	計	1,000ポンド以下	1,000ポンド〜1,999ポンド	2,000ポンド〜2,999ポンド	3,000ポンド〜3,999ポンド	4,000ポンド〜4,999ポンド	5,000ポンド〜5,999ポンド	6,000ポンド〜6,999ポンド	7,000ポンド以上
WTCとCTC	1,496	-	-	75	121	219	310	223	549
CTCのみ、家族要素より大	664	82	210	149	118	45	33	13	15
CTCの家族要素	1,961	1,811	150	-	-	-	-	-	-
CTCの家族要素より小	140	138	2	-	-	-	-	-	-
子供あり計	4,261	2,031	362	223	238	264	343	236	563
子供なし（WTCのみ）	272	83	66	68	40	9	4	2	
就労している計	4,533	2,113	428	292	278	273	346	238	564
就労していない	1,406	30	9	608	176	249	180	23	132
計	5,939	2,143	437	900	454	522	526	261	695
子供の人数									
子供なし（WTCのみ）	272	83	66	68	40	9	4	2	-
子供1人	1,922	1,020	178	106	118	138	210	85	66
子供2人	1,706	842	144	87	88	91	95	111	248
子供3人	488	150	35	25	27	28	30	32	160
子供4人以上	145	18	6	5	5	6	7	8	89
就労している計	4,533	2,113	428	292	278	273	346	238	564
就労していない	1,406	30	9	608	176	249	180	23	132
計	5,939	2,143	437	900	454	522	526	261	695
単身の大人家族									
子供の人数									
子供なし（WTCのみ）	191	64	47	53	20	6	1	-	-
子供1人	609	102	33	45	63	92	162	54	57
子供2人	339	26	9	12	17	25	37	61	154
子供3人	83	2	1	1	2	2	4	6	65
子供4人以上	19	-	-	-	-	-	-	-	17
就労している計	1,242	194	89	111	102	126	204	121	294
就労していない	1,055	6	2	494	t24	201	131	15	83
計	2,297	200	92	605	225	327	335	136	377
夫婦									
子供の人数									
子供なし（WTCのみ）	81	19	19	16	20	3	3	1	-
子供1人	1,313	918	145	61	55	47	48	31	8
子供2人	1,367	816	135	75	71	66	58	50	95
子供3人	405	148	34	24	25	26	26	26	95
子供4人以上	126	18	5	5	5	6	7	8	72
就労している計	3,291	1,920	339	180	176	148	142	117	270
就労していない	352	24	6	114	52	48	50	8	49
計	3,643	1,944	345	294	229	196	191	125	319

テクニカルノート

データの品質

表中の2005-06年データは、ほとんど、2007年4月初旬に取られた税額控除コンピュータシステムをスキャンして得られたデータから計算されている。それぞれの給付についてのデータは、その年のサブ期間ごとに、その期間に変化のなかった家族の生活状態（大人の配偶者、就労時間、子供の数、保育コスト、障がい者という）の記録が含まれていた。それぞれのサブ期間におけるデータによって、その期間の受給資格を得るための様々な要素や、保育要素の毎日の金額がわかった。また、それぞれの給付に対する2004-05年と2005-06年の所得金額もわかった。

税額控除額のうち小部分（1パーセント未満）は、取り込んだデータには含まれていなかった。これらについてのサブ期間の記録は、すべての給付額をカバーしている様々なコントロール・トータルを含む様々なデータから補訂され、取り込んだデータに追加された。

したがって、それぞれの受給額やそれぞれのサブ期間についての日々の給付資格額は、給付資格による様々な要素金額を合計し、所得によって漸減させることによってモデル化された。モデル化された日々の給付資格額は、家族が入る（陥る：taper）給付額の段階（plateu）を設定するために使用された。

取り込んだデータでカバーされるそれぞれのケースやそれぞれのサブ期間において、モデル化された給付資格額を、コンピュータシステムに保持されたものと比較することが可能である。0.1%を除くすべての家族で、不一致は1日あたり約2ペンスであった。

取り込んだデータは、CTCではなくて所得補助あるいは所得関連制求職者給付を通して児童支援を受け取っている非就労家族をカバーしていなかった。2005年8月時点のそのような家族のデータは、雇用年金省（the Department for Work and Pensions）から得られた。そのデータは、ひとり親を夫婦と区別するための十分な情報を含んでいた。子供の数と年齢は、これらの家族に関する児童手当（Child Benefit）の記録から得られた。残念ながら障がい子供あるいは重度の障がい児特別給付額含むことができなかったが、2005年8月時点の給付資格額の水準は、これらの情報を使ってモデル化された。年間のCTC平均に追加される（保育費用や所得関連制求職者給付の）年平均額を計算するために、2005年8月の集計額に、その年のサブ期間ごとの推計値を求めるのに必要な係数を乗じた。年換算された2005年8月の受給資格額は、さらに、これらの家族のための（CTC以外の）給付の既知の合計額と一致するように調整された。

付録：2003-04から2005-06の税額控除要素と閾値

年率(£)，指定される場合を除く

	2003-04	2004-05	2005-06
CTC			
家族要素	545	545	545
家族要素（乳児加算）[1]	545	545	545
子供要素[2]	1,445	1,625	1,690
障がい児要素[3]	2,155	2,215	2,285
重度の障がい児要素[4]	865	890	920
WTC			
基礎要素	1,525	1,570	1,620
夫婦およびひとり親要素	1,500	1,545	1,595
30時間以上就労者要素[5]	620	640	660
障がいを持つ就労者要素	2,040	2,100	2,165
重度の障がいを持つ大人要素	865	890	920
50歳以上の再就職要素[6]			
週当たり16～30時間未満	1,045	1,075	1,110
週当たり少なくとも30時間	1,565	1,610	1,660
保育要素			
最大適用費用額（週間当たりポンド）			
子供1人の場合の適用費用	135	135	175
子供2人以上の場合の適用費用	200	200	300
賄われる適用費用の割合	70%	70%	70%
共通			
第1段階の所得閾値[7]	5,060	5,060	5,220
第1段階の払い戻し率	37%	37%	37%
第2段階の所得閾値[8]	50,000	50,000	50,000
第2段階の払い戻し率	1in15	1in15	1in15
CTCのみ資格がある場合の最初の所得閾値[9]	13,230	13,480	13,910
増加所得無視	2,500	2,500	2,500
支払われる最小給付額	26	26	26

1 1歳未満の子供が1人以上いる任意の期間の間、家族に支払われる。
2 16歳の誕生日を迎えた後8月31日までのそれぞれの子供と、19歳以下でフルタイムの中等教育を受けている青年、あるいはキャリアサービスあるいはコネクションズ事業に登録している最初の20週間の間にいる18歳以下の青年に支払われる。
3 障がいを持つそれぞれの子供に対して子供要素が加算して支払われる。
4 重度の障がいを持つそれぞれの子供に対して障がい児要素が加算して支払われる。
5 標準的な労働時間（夫婦の場合は2人の合計）がすくなくとも週30時間ある任意の期間の間に支払われる。
6 2003年4月5日以降、復職して続けて最初の12か月間資格のあるそれぞれの大人に支払われる。
7 所得は税引き後年金拠出額と、児童手当、住宅手当、地方税、補助金や、労働あるいは給付以外の家族の所得の最初の300ポンドを除いたもの。給付額は、第1の閾値を超える所得超過額に第1の払い戻し率を掛けた額が減じられる。
8 CTCの資格のあるものについては、給付額は適切なところで家族要素（乳児加算）まで縮小され、第2の閾値を超える所得超過額に第2の払い戻し率を掛けた額が減じられる。
9 所得補助、所得関連求職者給付あるいは年金（Pension Credit）を受け取っているそれらのほとんどは、漸減のない最大CTCを保障される。

資料3

HM REVENUE & CUSTOMS
Child and Working Tax Credits - Error and fraud statistics2005-06 & 2006-07
© Crown Copyright 2008

序論

税額控除制度

1 児童税額控除（CTC）と就労税額控除（WTC）は、2003年4月に導入されたもので、子供のいる家族(family)のためのいくつかの経済的支援と同様に、就労家族税額控除(Working Families' Tax Credit)、障がい者税額控除(Disabled Person's Tax Credit)、および（旧）児童税額控除(Children's Tax Credit)からとって代わったものである。WTCもまた、子供も障がい者もない家族に対して就労者への経済的支援にまで、はじめて拡張された。税額控除の目的は、2002年の予算書で公表されており、次の通りである[1]。

- 親の立場である責任を考慮して、子供のいる家族を援助する。

- 低所得の家族のような、最も援助を必要としている家族に最大の援助を提供することによって、子供の貧困に取り組む。

- 就労が社会福祉以上の支払いを確かにもたらし、人々が所得階梯を上がるインセンティブを確かに持つようになる手助けをする。

2 税額控除は、600万の家族を含む約2,000万の人々への支援を提供することによって、約1,000万人の子供への支援を行い、社会で最も経済的に恵まれない人々に資源を振り向ける。

3 このレポートは、税額控除全体に関する過ち（error）と不正（fraud）を測定するように設けられた、税額控除の「ランダム調査研究」計画の結果を示している。この計画では、2006-07年間の税額控除の母集団を代表するように、無作為標本が抽出された。調査のためには、その他の検査にも携わっている申請内容監査員（claimant compliance officers）によって、約4,030のケースが選ばれた。これらの標本の結果は、税額控除における過ちと不正の全体のレベルを推計するために、母集団の推計にスケールアップさせることができる。

4 申請者母集団の規模と多様性および法令を犯す危険性もさまざまであるために、申請者全体だけでなく様々な申請者グループの法令遵守の水準を測定できるように標本を層化した。使用した標本抽出法の詳細は、付録Aで確認できる。

5 ランダム調査研究計画は、税額控除制度における過ちの全水準を理解するのに役立つ。

6 申請者に有利な過ち（error of favouring the customer）は、2003-04年の9.2%(税額控除受給資格額全体に対する割合、以下同じ)から2006-07年の7.6%に、不正の水準は、2003-04年の0.6%から2006-07年の0.2%に、英国歳入関税庁（以下、HMRCと省略）が低下させてきたことが、最近の数値から明らかである。

7 2003-04課税年度をカバーしている税額控除の過ちと不正の統計を、2006年7月にはじめて出版したときに、私たちが、この問題に取り組むために何を行っていたかを説明する文書も出版した。政府は今、2011年3月までに税額控除制度における過ちと不正の水準を僅か5%に減らすという挑戦的な目標を、HMRCに課している。それゆえ、申請者や行政の過ちの水準をさらに減少させ、不正をなくすために、私たちは取り組んでいる。

第1節　過ちと不正のおおよその水準

表1　確定受給資格額に対する過ちと不正の割合、2005-06年・2006-07年

確定受給資格額に対する，過ちと不正の百分率				
	年度	下方信頼限界	中位推計値	上方信頼限界
申請者に有利な過ちの推定値	2005-06	8.3	9.3	10.2
	2006-07	7.1	7.6	8.1
申請者に有利な不正の推定値	2005-06	0.2	0.3	0.4
	2006-07	0.1	0.2	0.3
HMRCに有利な過ちの推定値	2005-06	1.4	1.9	2.4
	2006-07	1.3	1.7	2.1

8 表1は、2005-06および2006-07年における税額控除確定受給資格額に対する、過ちと不正の割合を示したものである。本表および以下の表において示される数値は、標本調査に基づいているので、誤差がある。従って、表1と2は、これらの中位推計値とともに、95%の信頼区間も示している。

表2　過ちと不正、2005-06年・2006-07年

	年度	受給件数(千件)			受給金額(百万ポンド)		
		下方信頼限界	中位推計値	上方信頼限界	下方信頼限界	中位推計値	上方信頼限界
申請者に有利な過ちの推定値	2005-06	1,200	1,300	1,400	1,300	1,470	1,640
	2006-07	760	830	900	1,280	1,390	1,500
申請者に有利な不正の推定値	2005-06	10	30	50	30	50	70
	2006-07	<10	10	20	20	40	60
HMRCに有利な過ちの推定値	2005-06	410	490	580	230	300	390
	2006-07	280	330	390	240	310	390

---

[1] "The Child and Working TaxCredits, the Modernisation of Britain's Tax and Benefit System Number Ten",2002年4月。

9 表2は2005-06年と2006-07年における、過ちと不正の中位推計および95%の信頼区間を示している。表1および2は、過ちと不正を区分している。申請者が故意に生活状態を不正確に述べたことが明らかである（証拠がある）場合には、不正と見なされる。

10 中位推計については、過ちの水準は、さらに申請者の過ちとHMRCの過ちに分類されている。これは、下の表3に示されている。

表3 申請者の過ちとHMRCの過ちに区分された過ち・中位推計、2006-07年

	申請者の過ち		HMRCの過ち	
	件数（千件）	金額（百万£）	件数（千件）	金額（百万£）
申請者に有利な過ちの推定値	820	1,360	10	30
HMRCに有利な過ちの推定値	310	270	20	50

11 「不正」として区分されたランダム調査の標本数が小さいために、過ちと不正を区分した、より詳細な内訳を作成することはできない。したがって、以下の表4〜7中の中位推計と関連した内訳では、2006-07年における過ちと不正を合算している。

表4 税額控除受給のタイプ別の過ちと不正・中位推計、2006-07年 [2]

申請者に有利な過ちの推定値	件数（千件）	金額（百万£）
受給なし	-	-
不就労	60	110
就労、子供あり、家族要素より大	610	1,150
就労、子供あり、家族要素以下	90	70
WTCのみ	80	90
計	850	1,420
HMRCに有利な過ちの推定値		
受給なし	30	30
不就労	20	10
就労、子供あり、家族要素より大	160	110
就労、子供あり、家族要素以下	80	150
WTCのみ	30	10
計	330	310

表5 金額別の過ちと不正の分布・中位推計、2006-07年

過ちと不正の額	申請者に有利な過ちと不正の推定値		HMRCに有利な過ちの推定値	
	件数（千件）	金額（百万£）	件数（千件）	金額（百万£）
100ポンド未満	105	5	70	5
100〜499ポンド	240	85	130	40
500〜999ポンド	170	155	35	50
1,000ポンド以上	335	1,175	95	240
計	850	1,420	330	310

表6 最終的な受取額別の過ちと不正の分布・中位推計、2006-07年受給額

	申請者に有利な過ちと不正の推定値		HMRCに有利な過ちの推定値	
	件数（千件）	金額（百万£）	件数（千件）	金額（百万£）
0ポンド	-	-	20	25
1,000ポンド未満	155	85	100	135
1,000〜1,999ポンド	100	95	55	55
2,000〜2,999ポンド	95	110	30	15
3,000〜3,999ポンド	65	90	25	20
4,000〜4,999ポンド	90	205	25	15
5,000〜5,999ポンド	95	220	20	15
6,000〜6,999ポンド	65	135	20	10
7,000ポンド以上	185	485	35	30
計	850	1,420	330	310

12 表6において示された受取額が示しているのは、ランダム調査による確定受給額であることに注意すること。

表7 過ちと不正の理由・中位推計、2006-07年

理由	申請者に有利な過ちと不正の推定値		HMRCに有利な推定値	
	件数（千件）	金額（百万£）	件数（千件）	金額（百万£）
所得	375	280	255	220
パートナーの存在の不申告	135	430	-	-
保育費用	220	320	35	25
子供	90	165	30	25
就労とその時間	135	145	35	25
障がい	55	85	15	15
計	1,010	1,420	365	310

13 申請者のうち調整の際に複数の理由を持つものもいるので、数値が他の表にある個別件数を足したものと一致しないことに注意されたい。

付録A

2006-07年における税額控除のランダム調査研究計画-方法論および技術の詳細

序論

1 税額控除制度は、所得や生活状態の変化が起きた時にそれらに対応するように設計されている。2006-07年における家族の受取額は、まず、彼らの生活状態（例えば、子供の数、障がい者など）と、2005-06年における給付に関連して2006年4月時点[3]においてHMRCが認定している所得に基づく。しかし、ひとたび2005-06年の給付が確定した場合には、2006-07年の給付は、2005-06年の確定所得に基づく。とはいえ、申請者は、どの時点においても、2006-07年の見積もり所得を申告できる。2006-07年度末には、申請者家族は、1年間の確定所得を2007年7月31日までにHMRCへ告げなければならない。しかし、この期日においても推定額しか報告できなかった受給者は、2008年1月31日までに2006-07年の確定所得を告げる必要がある。

---

[2] この表の「就労、子供あり、家族要素以下」は、2003-04年の表3および2004-05年の表4における「定額」と等しく、この表の「不就労」「就労、子供あり、家族要素より大」の合計は、2003-04年の表3および2004-05年の表4における「その他」と等しい。

[3] 2006-07年が税額控除受取の最初の年でない場合に限る。もし2006-07年が最初の年であれば、申請時の彼らの生活状態および2005-06年所得に基づくことになる。

2 2006-07年のランダム調査は、受給者がHMRCに2006-07年の確定所得の詳細を報告するまで始めることができなかった。つまり、申請内容監査員は2008年1月31日以降になるまで、いくつかのケースについては作業を始めることができなかったことを意味している（最終的に給付が確定して、はじめて調査を行うことができるからだ）。

過ちと不正

3 申請内容監査員は、給付が法を遵守していないと判断した時には、それが単なる過ちか不正のどちらに起因しているかどうかを示す必要がある。不正として分類するためには、申請者が受給資格を持たないのに、給付を得るために彼らの生活状態を故意に不正確に伝えたという証拠が必要である（例えば、子供がいないのにいると主張したなど）。過ちは、申請者が意図的にHMRCを欺こうとしている証拠がない場合である。それは、彼らが単に誤った情報をHMRCに提供したというような、申請者の不注意による過大な申請を含むさまざまな状況をも扱う。過ちは、同様に、提供された正しい情報をHMRCが間違って処理した状況も含んでいる。

4 HMRCの過ちの推計は、2005-06年にはじめて行われた。申請内容監査員が各ケースを処理するにあたっては、間違っていると判断されたケースが過ちや不正によるものかどうかを分類するだけでなく、過ちがHMRCの処理に起因するものかどうかについても分類することが求められた。

5 過ちや不正と判断されたケースについては、申請内容監査員は過ちや不正の主な原因（および、その結果の金額）を特定しなければならない。主要な調整カテゴリーを表7に示した。これらは、保育コストのように、報告された確定所得が過小あるいは過大に申告されているかによって分類される。同様に、世帯内のパートナーが所得を報告しているかどうか、給付の対象となっている子供がフルタイム教育を受けて、かつ申請者の保護の対象となっているかどうか、そして、申請者の労働の有無とその時間数はいくらか、また、申請した大人や子供が障がいあるいは重度の障がいを持っていたかによって分類される。

6 組織的な不正とHMRCの違法手続から考えて、当然、組織的な不正の申請は多くの場合、迅速に却下されて、給付は終了する。この組織的な不正は、ランダム調査によってではなく、むしろ、過剰支払として検出されることを意味しており、1年間に返戻されなかった過剰支払部分は、不正支払や過剰支払についての国家統計局の年報に含まれている。

標本

7 2006-07年の調査のために抽出された標本は、申請者の4つの層から構成されている。これらの層は、標本の大きさとともに下記に示した。

層	標本の大きさ
給付額がゼロ	250
定額	500
WTCのみ	400
その他	3,800
合計	4,950

8 標本は、受給なし、その他、およびWTCのみ受給のそれぞれが、適当な大きさでサンプルに含まれるような方法で層化された。もし、単純無作為抽出を行ってしまうと、法令を遵守していないものの割合が相対的に低い、受給なしと定額受給のものが大多数を占めることになり、ランダム調査研究の結果の正確性を半減させてしまう。層化標本抽出を使用すると、各層のケース数が母集団の各層で発生する過ちと不正の発生確率を代表していることを保証することによって、それぞれの層における過ちと不正の水準をより正確に推計することができる。

9 個別の給付は、ある時点での世帯の状況に依存するために、ある世帯は同一年度内でも異なった層に分類される場合がある。たとえば、夫婦が初めはWTCを受け取っていたとしても、その後、年の途中ではじめての子供を持つことで、他の層に移る。実際、給付を受けている世帯は、生活状態と所得に依存して、年内のある時点では、(4つの層に集計した) 10のカテゴリーのどれかに属していることになる。受給者がこれらのカテゴリー間を移動したときに、新しい給付資格のサブ期間が作成されたことになる。年間のすべてにわたる世帯の状態を1つのカテゴリーに入れて、サブ期間を集計することは不可能である。従って、その年に最も多くの時間を占める給付資格のサブ期間に基づいて、それらが割り当てられている。

10 標本ベースが、家族ではなく受給件数であることに注意することが重要である。ある家族が、年間で複数の給付を受けることができるときに、受給家族数と受給件数の2つは異なる。例を挙げると、まず、給付を受けていたひとり親の家族が、パートナーとの同居により新しい世帯を形成し、その後、再びパートナーが出ていき（世帯が分解し）、再びひとり親になったとしよう。この場合、全体としては、彼らはその年に3つの異なる給付を受け取ることになる。税額控除制度はこの単位に基づいているし、それゆえ、代表的な標本を構成するのに最も適当なものとして、この単位を用いている。

11 標本ベースは、2007年8月9日時点のHMRCの税額控除制度にあるすべての2006-07年給付件数を含んでいる。給付は、ある一日と丸一年の間のどの期間においても継続している。

12 それぞれの層の標本は、無作為に選択されるように、乱数を用いて選ばれた。

推計における標本誤差

13 表の推計値は、表2、3、4がチポンド単位で、その他の表が5千ポンド単位で表示されている。示された推計は、下記に示した方法によって標本から導かれた中位推計値である。これらの推計は標本に基づいているので、標本誤差を含んでいる。これらの誤差の範囲は、95%信頼区間を計算することによって表されている。95%信頼区間は表1、2に計算され示されているとともに、表3に示された主要な結果の95%信頼区間は、下の表に示されている。

不正と過ちの水準と95%信頼区間の範囲 ・ 金額

	不正		申請者と行政の過ち	
	中位推計 (百万£)	+/- 百万£	中位推計 (百万£)	+/- 百万£
HMRCに有利なもの	40	20	1,390	110
申請者に有利なもの	-	-	310	70

不正と過ちの水準と95%信頼区間の範囲 − 件数

	不正		申請者と行政の過ち	
	中位推計 (千件)	+/- 千件	中位推計 (千件)	+/- 千件
HMRCに有利なもの	10	10	830	70
申請者に有利なもの	-	-	330	50

方法

14 この次のセクションでは、どのようにデータを処理し、母集団推計値を表すように標本のケースに重みを付けるか、あるケースをどのように扱ったかというような、いくつかの方法論的な事柄について述べる。

データ処理

15 データは、調査を行った申請内容監査員から受け取られ、その後この出版物の数値を計算するまでに、何度ものチェックと処理がおこなわれた。

16 使用された最終データは、これらに携わる申請内容監査員が、法令遵守管理情報システムで持つ情報を、主な税額控除コンピュータシステムで持つ情報とケースを記録した情報に照らして、何度もチェックすることで、作成された。ひとり親が隠しているパートナーがいると分かった場合、単身大人として間違って支払われた額に対し、（概念的に）二人という共同給付資格を相殺し、残りの期間は、この出版物では過ちと不正として分類される。

17 各給付は、いくつかの給付資格のサブ期間を持っているので、これらのサブ期間は記録上、特定の過ちと不正の一定のタイプと関連付けることはできないことはあきらかである。例えば、給付される期間の25％がWTCのサブ期間で、期間の75％がCTCに関係あるサブ期間であった場合、子供に関係ある申請者の過ちや不正は、後期の75％だけでしか起こり得ない。それゆえ、過ちや不正を、関連付けることができるサブ期間にだけ振り当てた。すなわち、上記の例では、子供に関する過ちや不正は、支給期間の75％であるCTCに関係したサブ期間に割り当てた。HMRCに有利な過ちは、当該サブ期間の支給期間に占める割合に応じて、割り当てた。

総計の求め方

18 ケースの標本から計算されたものは、母集団推計値を求めるために、ウェイトを付けて集計された。その年の最終的な受給額によって、異なったウェイトが適用されている。ウェイト付けの集計方法は、2003-04年・2004-05年と、改良された2005-06年以降とで異なっている。以下に示す変更によって、年次間比較における不連続性という問題を生じさせたが、変更時点以降では正確性が増加するという長所によって相殺される。参考までに、以前に出版された2003-04年と2004-05年の数値は下表に示した。

以前に出版された2003-04年、2004-05年の過ちと不正の割合

ランダム調査の年次		最終的な受給資格に対する過ちと不正の割合		
		下方信頼限界	中位推計	上方信頼限界
申請者に有利な過ちと不正の推定値	2003-04	8.8	9.7	10.6
	2004-05	7.3	8.2	9.1
HMRCに有利な過ちの推定値	2003-04	1.6	1.9	2.3
	2004-05	1.4	1.9	2.4

19 2005-06年以降に使用されるサンプルフレームは、以前に使用されたものより多くの情報を提供する。このサンプルフレームは、以前では当該年の最後の受給資格だけであったのに比較して、すべての受給資格のサブ期間[4]の情報を与えてくれる。従って、標本の計算結果から、当該年の最後の受給資格のサブ期間ではなく、年間を通じた受給資格のサブ期間の合計を求めることが可能になっている。

20 また、受給額の各層（10の異なるプロフィールを4つの層に合算）からではなく、それぞれの税額控除のプロフィールの受給状況から総計を求めた。そのことにより、過ちと不正の潜在的に異なる割合を持つグループに対して、精度を増大させた。

21 最後の変更は、コントロール変数として給付額の合計に集計することから、給付資格の合計を使用することにしたことである。

その他

22 この報告書で使用された数値は、申請内容監査員によって調査された約4,030のケースに基づいている。この報告書の分析における留意点は以下のとおり。

レポートに含めるまでに、検討が間に合わなかったケース ・ 平均的にみて、これらの検討が間に合わなかったケースは、検討されたケースと同様の特徴を持っているとみなして、検討され確定されたケースと同様の平均をもち、同様の率で法令遵守が行われていないと仮定した。

調査することなく取り上げられなかったケース ・ 例えば、申請者またはそれらの子供が亡くなっていたようないくつかのケースにおいては、問い合わせは実施されず、これらのケースは結果から除外された。そして、暗黙のうちに、もしそれらのケースについて調査が実施されていたら、平均と同様の結果が得られたと仮定した。

---

[4] 給付資格のサブ期間については、パラグラフ10を参照のこと。

---

sinfonica 研究叢書

政府統計データを利用した労働・家計に関する研究
－「統計分析プロジェクト」研究成果報告－

平成 24 年 3 月 31 日　発行

　　　　　　　　　　　定価　2,100 円（税込み価格）

編　集　統計分析プロジェクト研究会
発　行　財団法人　統計情報研究開発センター
　　　　　　　　　　　　（略称：Sinfonica）
〒101-0051　東京都千代田区神田神保町 3-6　能楽書林ビル 5 階
　　　　　　TEL(03)3234-7471　FAX(03)3234-7472
印　刷　富士プリント株式会社
　　　　　　　　　　　　　　　　　　　　NO. 20

ISBN978-4-925079-70-9　C3333　¥2000E